wortweit-Verlag

Foto: Elisabeth Novy

Die Autorin Daniela Meisel

Geboren 1977 in Horn, wächst Daniela Meisel in Baden bei Wien auf. Studium der Biologie mit den Schwerpunkten Verhaltensforschung und Meereskunde. Nach Auslandsaufenthalten in Südafrika und Kalifornien Beschäftigung an der Medizinischen Universität Wien. 2008 Umzug nach Linz und Besuch der Leondinger Akademie für Literatur. Kulturvermittlerin für die Oberösterreichischen Landesmuseen. Rückkehr nach Niederösterreich und Ausbildung beim BOeS. Daniela Meisel ist Kulturpreisträgerin des Landes Niederösterreich und Mitglied der GAV. Sie arbeitet als Lehrerin und Schreibpädagogin und lebt mit ihrer Familie in Pfaffstätten. Zuletzt erschien im Picus Verlag ihr Roman „Wovon Schwalben träumen". Das kunterbunte SORG-DICH-NICHT ist ihr drittes Kinderbuch.

Foto: Truc Phan

Der Illustrator Alex Nemec

Aufgewachsen und zuhause im Weinviertel hielt Alex Nemec schon von klein auf alle Eindrücke mit Bleistift fest. Später kamen u.a. Ölfarbe, Photoshop und 3D-Programme hinzu, aus dem Hobby wurde Beruf. Heute arbeitet er als freier Illustrator hauptsächlich für Werbe- und Bildbearbeitungsagenturen sowie für Verlage. Wegen seiner zweiten Leidenschaft – der Natur – studierte er 1995-2003 Biologie. In seiner Freizeit spaziert er mit Frau und Kind am liebsten durch Wald und Wiesen, wo er mit ihnen Schmetterlinge fotografiert oder Pflanzen bestimmt.

Daniela Meisel

DAS KUNTERBUNTE SORG-DICH-NICHT

1. Auflage
Copyright © 2024 wortweit-Verlag, Wien
Alle Rechte vorbehalten
Cover und Illustrationen: Alex Nemec
Lektorat: Dr. Lotte Husung
Satz: Max Schinko
Druck: Ferdinand Berger & Söhne GmbH
Printed in Austria
ISBN 978-3-903326-35-4

www.wortweit-verlag.at

Gefördert vom

▬ **Bundesministerium**
Kunst, Kultur,
öffentlicher Dienst und Sport

Moritz, genannt Mo, hatte einen großen Wunsch. Er träumte von einem eigenen Haustier! Es sollte nur ihm gehören, ein flauschiges Fell und weiche Ohren haben und eine kleine, feuchte Schnauze. Gleich neben seinem Bett sollte es schlafen, ihn vor bösen Träumen beschützen und morgens mit ihm in der Küche frühstücken. Er wollte es streicheln und füttern, mit ihm spielen und kuscheln und ihm, wenn es klug war, und davon ging er aus, ein oder zwei Tricks beibringen. Da Mo keine Geschwister hatte, stellte er sich sein Haustier wie einen Freund oder Bruder vor. Ob es sich dabei um eine kleine Katze oder einen kleinen Hund handelte, war ihm eigentlich egal, denn wirklich wichtig war nur eines: Er würde sein Haustier unheimlich liebhaben!

Leider dachten Mos Eltern nicht daran, seinen Wunsch zu erfüllen. Sie hatten nämlich, wie sie es nannten, ihre Bedenken. Mos Mutter arbeitete im Büro einer Firma, die Füllfedern und Kugelschreiber herstellte. Wenn sie um vier nach Hause kam, machte sie Mo Jause, kontrollierte seine Aufgaben, ging einkaufen oder wusch die Wäsche. Dreimal die Woche besuchte sie Mos Oma im Altersheim. Für einen Hund oder eine Katze blieb da, wie sie sagte, einfach keine Zeit.

Mo versprach, sich ganz allein um sein Haustier zu kümmern, und weil er ihren zweifelnden Blick sah, zählte er auf, was alles dazugehörte. Er würde es füttern, die Wasserschüssel auffüllen, sein Fell bürsten, mit ihm nach draußen gehen und ihm einen Schlafplatz herrichten.

Aber seine Mutter schüttelte den Kopf. „Was passiert mit deinem Tier, wenn wir auf Urlaub sind? Wir kennen keinen, der nach ihm schauen könnte, und du bist doch auch gerne in den Bergen!"

Mos Vater arbeitete in einer Gärtnerei. Dort gab es immer viel zu tun, und deshalb kam er oft später nach Hause, als er es eigentlich vorhatte. Er liebte alles Grüne und Blühende, hatte aber wegen der Arbeit meist zu wenig Zeit, sich um die Pflanzen in seinem eigenen Garten zu kümmern. Daher wollte er nicht auch noch für einen kleinen Hund oder eine kleine Katze sorgen. Außerdem hatte er als Kind eine Allergie gegen Tierhaare gehabt.

„Du kannst dir nicht vorstellen, wie das gejuckt hat, Mo", brummte er in seinen dichten Bart, und damit war das Thema Haustier für ihn erledigt.

Mo bemühte sich, die Bedenken seiner Eltern zu verstehen, aber sein Wunsch blieb derselbe. Wann immer es ihm einfiel, träumte er von einem felligen Spielgefährten. Er stellte sich vor, mit seinen Klassenkameraden Felix und Esra zu tauschen, die Hunde hatten, und beneidete Anna und Kemal um ihre Katzen. Selbst Carlas Kaninchen Leo hüpfte manchmal durch seine Tagträume und landete dann mit einem großen Satz mitten in seinen Armen. Leos Fell war herrlich weich und warm und Mo fühlte sich glücklich, bis ein Erwachsener ihn mit einem der typischen Sätze in die Wirklichkeit zurückholte: „Wo bist du denn schon wieder, Moritz?" Oder: „Hast du mir vorhin überhaupt zugehört?"

Dann hoffte Mo darauf, möglichst rasch groß zu werden, selbst Geld zu verdienen und sich einen ganzen Bauernhof voller Tiere zu kaufen - mindestens aber eine Katze oder einen Hund.

Bis es so weit war, gab es für Mo einen kleinen Trost. Viermal die Woche besuchte er nach der Schule den Hort. Während er von dort heimging, kam seine Mutter normalerweise zurück vom Büro. Manchmal aber bestimmte ihr Chef, dass sie länger arbeiten musste. Dann durfte Mo bei Frau Zaubert auf sie warten. Die alte Dame wohnte zwei Häuser weiter und hatte drei Hunde – einen Dackel, einen Spaniel und einen Pudel.

Mo liebte die lustige Dreierbande und sie liebte ihn. Wenn er zu Besuch kam, wedelten die drei aufgeregt mit den Schwänzen, sprangen

an ihm hoch und versuchten, ihm über die sommersprossige Nase zu schlecken. Mo hielt sich jedes Mal lachend die Hände vors Gesicht und Frau Zaubert warf ihren Hunden jedes Mal einen ihrer strengen Blicke zu. Das genügte. Die drei ließen ihn in Ruhe und zogen sich folgsam auf ihre Hundedecken zurück. Mo ging dann von einem zum anderen, um ihn zu streicheln und hinter den Ohren zu kraulen, während Frau Zaubert Hundekekse aus ihrer Vorratskammer brachte. Die Kekse durfte Mo verfüttern, was seine vierbeinigen Freunde mit stürmischem Gebell begrüßten. Daraufhin sagte Frau Zaubert fast immer lächelnd: „Da haben sich vier gefunden!"

Das ließ sie trotz ihres Haarknotens und der dicken Hornbrille weniger streng aussehen, was Mo zu einem eindeutigen Schluss brachte: Die Kinder, die Frau Zaubert unheimlich oder sogar eine Hexe nannten, hatten damit auf gar keinen Fall recht.

2

Mo besuchte die dritte Klasse der Volksschule am Silberwald und von Tag zu Tag ging er weniger gern hin. Das kam daher, weil er sich Sorgen machte. An den Bäumen wurden die Kirschen rot, in den Vogelnestern schlüpften die Küken und über die Wiesen tanzten Schmetterlinge, aber das besserte Mos Laune nicht. Obwohl er, wie sein Vater, den Frühling liebte, freute er sich dieses Jahr nicht darüber. Schuld war die Mathematik. Seit

Längerem tat Mo sich beim Rechnen schwer, und während die Welt um ihn herum immer bunter und fröhlicher wurde, rückte auch die große Prüfung näher. Plus- und Minus-Rechnungen, Mal-Reihen und Teilungen standen auf dem Programm und verursachten Mo Bauchschmerzen. Darüber vergaß er sogar das Träumen von seinem Haustier und bald wirbelten durch seinen Kopf nur noch lästige Zahlen.

Am Tag der großen Prüfung strich ihm seine Mutter an der Tür beruhigend über die blonden Wuschelhaare.
„Du schaffst das schon, Mo", sagte sie, aber er war sich da überhaupt nicht sicher. Was, wenn ihm keine Aufgabe gelingen würde? Wenn er am Ende zehn oder sogar zwanzig Fehler hätte oder nicht einen einzigen Punkt? Dafür würde er sich unendlich schämen, und da würde auch keines der noch so lieb gemeinten Trostworte seiner Mutter helfen.

Mit diesen trüben Gedanken schlurfte er aus dem Haus, und weil er sich so auf sein mögliches schlechtes Ergebnis bei dem Test konzentrierte, hätte er beinahe das Ungewöhnliche übersehen! Auf dem Gehsteig gegenüber saß ein kleiner Hund.

Er hockte direkt neben der Straßenlaterne und rührte sich nicht – fast so, als wäre er dort angebunden. Mo blieb stehen und schaute

genauer hin, aber er konnte weder ein Seil noch eine Leine entdecken. Mo wusste, dass er fremden Hunden nicht zu nahe kommen durfte – seine Eltern hatten ihn oft genug davor gewarnt. Doch der kleine Kerl zog ihn magisch an. Mo schaute nach links und rechts und lief über die Straße. Dabei begann sein Herz, laut zu klopfen, weil er etwas Verbotenes tat. Vorsichtshalber blieb er ein, zwei Meter entfernt von dem Tier stehen, das ihn nur ruhig ansah.

Es hatte schwarzes Fell, große schwarze Augen und einen wachen Blick. Mo spürte, wie sein Wunsch, es zu streicheln, stärker wurde. Er machte einen vorsichtigen Schritt und war darauf gefasst, dass der Hund zu knurren oder zu bellen beginnen würde, aber nichts davon geschah. Das Tier betrachtete ihn nur weiterhin freundlich.

Da holte Mo tief Luft und streckte langsam die Hand aus. Der Hund zuckte nicht zurück und Mo berührte sein Fell. Es war weich und warm und er fuhr sanft darüber, als etwas Merkwürdiges geschah. Das Fell begann, hellrot zu leuchten. Gleichzeitig wurde Mo warm im Bauch und er zog verwirrt seine Hand zurück. Hatte er sich das eben eingebildet?

Der Hund war nun wieder schwarz und Mo fielen seine Lehrerin und der Rechentest ein. Er würde zu spät kommen, wenn er jetzt nicht loslief. Er warf dem Tier noch einen prüfenden Blick zu. Nein, er musste sich vorhin geirrt haben, sein Fell hatte die Farbe eines Kohlestifts.

„Machs gut!", rief Mo mit Bedauern und winkte.

Auf dem restlichen Weg zur Schule strich ihm der Frühlingswind um die Nase und seine Sorgen wegen der großen Prüfung waren wie weggeweht.

Mo kam gerade noch rechtzeitig in seine Klasse. Kaum saß er auf seinem Platz in der vordersten Bankreihe, stand auch schon seine Lehrerin da. Sie stellte ihre Tasche aufs Pult und zog einen Packen Zettel heraus, die mit Schrecken erwarteten Rechentests. Normalerweise wäre Mo vor Aufregung die Luft weggeblieben, aber diesmal konnte er atmen wie immer. Selbst als die Lehrerin von Bank zu Bank ging und ihm schließlich sein Blatt vor die Nase hielt, wurde er nicht nervös. Er dachte einfach nicht mehr an ein schlechtes Ergebnis, sondern war mit einem Mal davon überzeugt, es gut zu machen. Ruhig nahm er den Test an sich. Er las, öffnete seine Füllfeder und schrieb die Antworten auf. Nach ein paar Zeilen stellte er überrascht fest, dass ihm nicht einmal das Dividieren schwerfiel. Als die Lehrerin das Ende der großen Prüfung verkündete, hatte er keine Rechnung ausgelassen. Beim Einsammeln gab er ihr das Blatt mit einem vorsichtigen Lächeln zurück und sie warf einen kurzen Blick darauf.

„Das sieht doch gar nicht schlecht aus. Scheint so, als hättest du dir ganz umsonst Sorgen gemacht", sagte sie freundlich und Mo fühlte sich glücklich und stolz.

Er war nun wieder gern in der Schule und in der großen Pause lief er mit seinen Freunden in den Hof hinunter. Sie spielten Verstecken und Fangen, quatschten über die neuesten Videos, tauschten ihre Jausen und lachten. Es war genau wie früher, als Mo sich noch keine Sorgen wegen der großen Prüfung gemacht hatte. Und weil sich das so gut anfühlte, dachte er nicht mehr an den schwarzen Hund.

Erst als am Ende der letzten Stunde die Glocke läutete, fiel er ihm wieder ein. Ob er nach Hause gelaufen war oder sein Herrchen ihn gefunden hatte? Mo glaubte es, aber tief im Inneren wünschte er sich, den kleinen Kerl auf seinem Heimweg wiederzusehen.

3

Nach dem Hort lief Mo so schnell er konnte Richtung Straßenlaterne. Er ging davon aus, dass der schwarze Hund nicht mehr da war, und doch hatte er ein winziges bisschen Hoffnung. Auf dem Weg rannte er beinahe einen alten Mann mit Hut um. Er stolperte über seinen Gehstock mit dem silbernen Knauf und fast wären sie beide hingefallen. Der Stock krachte zu Boden, während sich der Alte zitternd an der Hausmauer abstützte und schnaufte.

Es war ausgerechnet Herr Grieser! Neben Frau Zaubert war er bei den Kindern der unbeliebteste Erwachsene der ganzen Siedlung. Aber während die meisten die alte Dame nur ein wenig unheimlich fanden, konnte Herrn Grieser wirklich niemand leiden. Das beruhte auf Gegenseitigkeit. Herr Grieser hasste Kinder und machte daraus auch kein Geheimnis. Er beschimpfte sie als laut, schmutzig und ungezogen. Wenn sie vor seiner Wohnung auf und ab liefen und lachten, drohte er ihnen aus dem Fenster mit seinem Stock. Die Kinder erzählten sich, als eines von ihnen einmal zu nahe an die Hausmauer gekommen sei, habe er ihm damit auf den Kopf geschlagen. Mo glaubte nicht, dass das stimmte, aber so oder so mochte er Herrn Grieser nicht. Weil er immer ein mürrisches Gesicht machte, nannte er ihn heimlich Herr Griesgram. Das laut zu sagen, hatte er sich bislang aber nicht getraut, auch wenn er dafür bestimmt ein paar anerkennende Lacher geerntet hätte.

„Bürschchen", sagte Herr Grieser mit einer überraschend freundlichen Stimme und deutete auf seinen Stock, „gib ihn mir!"

Mo hob den Stock zögernd auf, reichte ihn Herrn Grieser und wollte sich gerade entschuldigen, als der Alte ihn drohend über seinen Kopf schwang. Der silberne Knauf blitzte und Mo wartete

keine Sekunde länger. Ohne sich noch einmal umzusehen, preschte er den Hügel hinauf.

Erst als er vier Häuserblocks hinter sich gelassen hatte, wurde er langsamer. Jetzt drehte er sich vorsichtig um, zum Glück war Herr Griesgram nicht mehr zu sehen. Dafür würde Mo nach der nächsten Querstraße schon die Laterne erkennen können. Mit klopfendem Herzen lief er weiter, überquerte den Zebrastreifen und kniff seine Augen zusammen. Zuerst glaubte er, nur einen Schatten vor sich zu haben, aber dann sah er es ganz deutlich. Dort, wo er sich am Morgen von ihm verabschiedet hatte, saß noch immer der kleine Hund.

Als Mo bei der Laterne ankam, hob das Tier den Kopf und blickte ihn treuherzig an. Obwohl es natürlich nicht so war, bildete sich Mo ein zu hören, wie es sagte: „Ich habe den ganzen Tag hier auf dich gewartet."

Mo ging in die Hocke.

„Gibt es denn niemanden, der dich vermisst?", fragte er, bekam aber keine Antwort. Der kleine Hund betrachtete ihn nur aufmerksam. Da sprang Mo auf und rannte nach Hause.

Ungeduldig drückte er dreimal die Klingel.

„Ich komme schon!", rief seine Mutter, öffnete die Tür und lächelte. „Mo, du hast ja vor Aufregung ganz rote Wangen! Was ist denn so dringend?"

Vom Eingang des Hauses aus konnte sie die Laterne nicht sehen und Mo zeigte die Straße hinunter.

„Da drüben sitzt ein kleiner Hund. Er tut das schon den ganzen Tag lang und niemand interessiert sich für ihn. Bitte, können wir ihn aufnehmen?"

Seine Mutter verschränkte die Arme vor der Brust.

„Mo, ich weiß, wie sehr du dir ein Haustier wünschst, aber der Hund gehört bestimmt jemandem."

„Nur so lange, bis sein Besitzer gefunden ist", bettelte Mo, aber seine Mutter war nicht leicht zu überzeugen. Sie sagte, er solle erst einmal hereinkommen, seine Schultasche abstellen und dann in Ruhe erzählen.

„Ich hab dir Jause gemacht", erklärte sie und präsentierte ihm einen hübsch angerichteten Teller mit Apfelspalten, Erdbeeren und seinen geliebten Marmeladekeksen, aber Mo rührte nichts an.

„Es wird doch bald Abend", sagte er. „Bitte, schau ihn dir wenigstens an."

Seine Mutter betrachtete die unberührte Jause, Mos flehendes Gesicht und seufzte. „Also schön, aber ich verspreche dir nichts."

Sie schlüpfte in ihre Frühlingsjacke und band sich die Haare zusammen, was Mo als gutes Zeichen sah. Das machte sie nämlich meist, wenn sie etwas Wichtiges vorhatte. Hoffnungsvoll ging er neben ihr über die Straße.

Das Hündchen begrüßte sie, ohne zu bellen, zu knurren oder mit dem Schwanz zu wedeln. Es hob nur ruhig seinen Kopf und schenkte ihnen einen treuherzigen Blick. Mo hätte es am liebsten direkt in die Arme geschlossen, so niedlich sah es aus, aber er hielt sich zurück. Schließlich wollte er um jeden Preis verhindern, dass seine Mutter sauer wurde, weil er ein fremdes Tier anfasste.

„Du bist aber ein Braver", sagte sie zu dem Kleinen, und Mo sah, wie ein Lächeln über ihr Gesicht huschte. Das ließ seine Hoffnung fast überfließen.

Bitte, bitte, dachte er, lass mich ihn mitnehmen!

Seine Mutter warf einen Blick auf ihre Armbanduhr.

„Du sagst also, er war in der Früh schon hier?"

Mo nickte eifrig. „Ich glaube, er ist bestimmt durstig und hungrig. Ich könnte ihm daheim Wasser und ein Stück Wurst geben."

„Wurst ist eigentlich nicht das richtige Futter für einen Hund, aber ein bisschen davon wird ihm schon nicht schaden", erklärte seine Mutter sanft.

Mo faltete die Hände vor seinem Kinn und sah sie erwartungsvoll an.

„Das heißt also, er kommt mit zu uns?"

Sie nickte. „Ja, er darf uns nach Hause begleiten, aber dort rufe ich dann gleich beim Tierheim an. Einfach so dürfen wir einen fremden Hund nämlich nicht behalten. Jemand sucht ihn vielleicht schon verzweifelt."

„Du bist die beste Mama der Welt!", rief Mo und fiel ihr um den Hals.

Er drehte sich um und wollte gerade „Komm, Hündchen!" sagen, als das schon über die Straße in Richtung Haus lief - fast so, als hätte es die ganze Unterhaltung zwischen Mo und seiner Mutter bestens verstanden.

4

Zu Hause nahm Mo seine Lieblingswurst aus dem Kühlschrank, legte drei Scheiben auf einen Teller, füllte Wasser in eine Schüssel und stellte beides neben den Tisch. Der schwarze Hund schnupperte an der Wurst, warf Mo einen dankbaren Blick zu und begann zu fressen. An der Art, wie er das Futter im Auge behielt, konnte Mo erkennen, dass er sehr hungrig sein musste. Trotzdem kaute der kleine Kerl mit Genuss. Als er alle Wurstscheiben verputzt hatte, leckte er sich mit seiner rosa Zunge zufrieden über die Schnauze. Der Anblick machte Mo glücklich und er wünschte sich, dass sein Gast für immer bei ihm bleiben könnte.

Seine Mutter ging inzwischen mit ihrem Handy ins Wohnzimmer, um dort in Ruhe zu telefonieren. Mo lauschte, konnte aber kein Wort verstehen. Ihre Stimme klang so, als würde sie ihm eine schwierige Hausaufgabe erklären, und er wusste nicht, was das zu bedeuten hatte. Hatte die Person, mit der sie sprach, Mühe zu begreifen, worum es ging, oder hatte sie vielmehr keine Ahnung, was zu tun war? Mo presste sein Ohr gegen die Tür. Das Hündchen hob neugierig den Kopf und er legte einen Finger an seine Lippen. Leider hörte er nur noch, wie seine Mutter sich bedankte und „Wir melden uns" sagte. Das klang alles andere als gut.

„Was haben die vom Tierheim gesagt?", bestürmte er sie, als sie die Küche betrat.

„Sie sagen, dass niemand einen kleinen schwarzen Hund als vermisst gemeldet hat. Sie haben aber meine Beschreibung notiert. Ich habe ihnen erklärt, dass dein Findling kein Halsband trägt und es auch sonst keinen Hinweis auf seinen Besitzer gibt."

„Müssen wir ihn jetzt wegbringen?", fragte Mo unglücklich.

Seine Mutter wiegte den Kopf.

„Das Heim ist zurzeit ziemlich voll. Deswegen haben sie mich gefragt, ob wir ihn bei uns behalten können, bis sich die Lage etwas entspannt hat."

Mo griff erwartungsvoll nach ihrer Hand. „Was hast du gesagt?"

„Ich habe gesagt, dass wir es tun werden."

Bevor er vor Freude aufschreien konnte, hob sie mahnend den Zeigefinger. „Aber nur für ein paar Tage."

Ein paar Tage! Mo betrachtete den kleinen Hund und spürte die Erleichterung am ganzen Körper. Es fühlte sich fast so an, als habe er kein Gewicht mehr und könne mit einem Sprung die Decke berühren.

Jetzt, wo der kleine Kerl bei ihnen bleiben durfte, brauchte er einen Schlafplatz, fand Mo. Ging es nach ihm, sollte der direkt neben seinem Bett sein, wie er es sich immer vorgestellt hatte, aber seine Mutter war dagegen.

„Da wir unseren neuen Mitbewohner noch nicht so gut kennen, schläft er zuerst einmal in der Küche", bestimmte sie. Mo protestierte nicht. Er war froh, dass sie überhaupt zugesagt hatte, ihn zu behalten, und wollte das nicht aufs Spiel setzen. Eifrig lief er in sein Zimmer, um es nach einer geeigneten Unterlage zu durchsuchen. Im hintersten Winkel seines Schranks fand er seine alte Spieldecke. Er strich darüber, stellte erfreut fest, dass sie noch immer kuschelig weich war, und trug sie in die Küche. Er zog den Tisch in die Mitte des Raums und breitete die Decke an der freien Wand aus.

„Die gehört jetzt dir", sagte er zu dem schwarzen Hund, der ihn neugierig beobachtete. Der Kleine hob seine Pfote, stellte sie vorsichtig auf den Stoff, als wollte er prüfen, wie weich er war, und rollte sich dann zufrieden darauf zusammen.

Mos Vater kam an diesem Tag wieder einmal spät nach Hause. Sein Gesicht war ganz grau, und Mo, der ihm die Tür öffnete, glaubte den Grund dafür zu kennen. Sein Vater machte sich Sorgen, weil jeden Tag weniger Leute in seiner Gärtnerei einkauften. Gegenüber dem Laden hatte vor drei Monaten ein Supermarkt eröffnet, und der bot seit Frühlingsbeginn Tomatenstauden, Salatsetzlinge und Kräutertöpfe zum halben Preis an. Die kleine Gärtnerei konnte da einfach nicht mithalten.

„Heute waren genau fünf Kunden bei uns. Wenn das so weitergeht …", brummte er und unterbrach sich. Mo wusste, dass sein Vater ihn nicht beunruhigen wollte, und versuchte daher seinerseits, sich nichts anmerken zu lassen.

„Es gibt eine Überraschung", verkündete er deshalb umso fröhlicher. „Komm mit!"

Sein Vater hängte den Mantel an den Haken und folgte Mo in die Küche, wo dieser stolz auf den Gast der Familie zeigte. Der kleine Hund lag zusammengerollt auf der Spieldecke. Langsam öffnete er seine Augen und betrachtete sie mit schläfrigem Blick. Mo beobachtete, wie sein Vater reagierte. Sein Gesicht wirkte nun weniger grau als verdutzt.

„Er wohnt ab heute bei uns", erklärte Mo. Und bevor sein Vater etwas dagegen sagen konnte, beeilte er sich hinzuzufügen: „Nur so lange, bis sie im Tierheim wieder Platz für ihn haben."

Das Gesicht seines Vaters veränderte sich wieder. Er sah jetzt eindeutig verärgert aus.

„Ein Hund, Mo? Du weißt doch, dass deine Mutter und ich keine Zeit für ein Haustier haben. Wir haben schon genug mit unserer Arbeit zu tun."

Mo wollte antworten, dass sie das Tier nicht lange behalten und er sich ganz allein darum kümmern würde, aber da sprang der kleine Hund auf und lief schwanzwedelnd zu seinem Vater. Mo bemerkte erleichtert, wie der den Mund zu einem kleinen Lächeln verzog.

„Du bist ja ein freundlicher Kerl", sagte er mit einer viel weicheren Stimme als zuvor und beugte sich zu dem Hund hinunter. Der schmiegte sich an sein Bein und Mos Vater streichelte ihn. Da liefen rote Wellen über sein Fell und Mo hielt vor Überraschung den Atem an. Er hatte sich die seltsame Farbsache also doch nicht eingebildet! Gespannt beobachtete er, wie der Rücken des Hundes nach und nach orange, gelb, blau und schließlich grün schimmerte. Gleichzeitig bekamen die Wangen seines Vaters Farbe und seine Augen fingen an zu leuchten. Sein Vater sah aus dem Fenster.

„Es ist noch nicht dunkel und ich könnte wieder mal nach meinen Rosen sehen." Fröhlich pfeifend ging er in den Garten und der schwarze Hund folgte ihm auf dem Fuß.

5

Mo war nun ziemlich sicher, dass es sich bei seinem Findling um keinen gewöhnlichen Hund handelte. Was er aber war, wusste er nicht.

Vielleicht nicht einmal ein Hund?, überlegte er.

Die Frage beschäftigte ihn so sehr, dass er ihm und seinem Vater nicht in den Garten nachging. Durch das Fenster beobachtete er, wie die beiden von

Strauch zu Strauch spazierten. Sein Vater roch an den roten Blüten, strich über die grünen Blätter, und der schwarze Hund wedelte mit dem Schwanz. Von drinnen sah es so aus, als seien die zwei dicke Freunde. Dabei hatte sein Vater das Wort Haustier noch vor Kurzem nicht einmal hören wollen!

Er kann mehr als nur seine Farbe wechseln, erkannte Mo überrascht. Gleichzeitig war er froh, dass seine Eltern bis jetzt nichts von dem ungewöhnlichen Schimmern seines Fells bemerkt hatten. Sicher würden sie sich die ganze Sache sonst noch einmal anders überlegen. Gegen einen Hund, der so etwa Seltsames auf Lager hatte, hatten sie bestimmt wieder „ihre Bedenken".

„Man kann nie wissen", würden sie sagen und den Kleinen so schnell wie möglich ins Tierheim schaffen. Deswegen durfte Mo ihnen nichts von seinen Beobachtungen erzählen. Er musste jemand anderen um Rat fragen. Jemanden, der sich mit geheimnisvollen Dingen auskannte. Mo brauchte nicht lange nachzudenken, um auf die richtige Person zu kommen. Infrage kam dafür nämlich nur eine: Frau Amalie Hermina Zaubert!

Als Mo am nächsten Morgen in die Küche kam, wartete das Hündchen schon an der Tür. Es drängte sich zutraulich gegen sein Bein und er spürte, wie sich in seinem Bauch wieder die angenehme Wärme ausbreitete.

„Na, hast du gut geschlafen?", fragte er freundlich und das Hündchen wedelte vergnügt mit dem Schwanz.

Seine Mutter stellte ihm eine große Schüssel Cornflakes hin. Als er zu löffeln begann, fing auch der kleine Hund an zu fressen. Da seine Mutter unter der Woche nicht frühstückte und sein Vater schon zur Arbeit fuhr, wenn Mo noch im Bett lag, fand er das gemeinsame Essen mit seinem neuen Freund genial. In Gedanken summte er sein Lieblingslied und tippte unter dem Tisch mit den Füßen den Takt dazu.

Leider schien seine Mutter weniger gut aufgelegt zu sein. Sie betrachtete den kleinen Hund, legte die Stirn in Falten und seufzte: „Ich hoffe, er stellt uns nicht das ganze Haus auf den Kopf, wenn wir fort sind."

Mo sah zur Wanduhr. Bis seine Mutter und er losmussten, waren es keine zehn Minuten mehr, und er hatte mit einem Mal das drängende Gefühl, dass es seine Aufgabe war, sie zu beruhigen. Er beugte sich also zu dem Kleinen hinunter und sagte möglichst deutlich: „Ich verlass mich auf dich, hörst du?"

Da lächelte seine Mutter, aber ob das Hündchen ihn verstanden hatte, wusste Mo nicht.

Während des Unterrichts und später im Hort beim Aufgabenmachen fiel es ihm schwer, sich zu konzentrieren. Immer wieder dachte er an den kleinen Hund und sein Benehmen. Mo glaubte zwar nicht, dass der ruhige und freundliche Kerl Vorhänge abreißen, Vasen umwerfen oder Polster zerbeißen würde, aber vielleicht war Ordnung für ihn etwas anderes als für seine Eltern. Für sie bedeutete es, dass alles so blieb, wie es war. Seine Mutter hatte die Tür zur Terrasse offen gelassen, damit der Kleine draußen sein Geschäft verrichten konnte. Was also, wenn er im Garten ein Loch grub und dabei die berühmte Preisrose seines Vaters entwurzelte? Oder wenn er, nachdem er von draußen zurück war, das Haus erkundete und erdige Pfotenabdrücke auf der Lieblingscouch seiner Mutter hinterließ?

Die Gedanken schwirrten durch Mos Kopf wie angriffslustige Insekten und er verrechnete sich andauernd. Die Betreuerin zeigte stumm auf die Fehler und er musste immer wieder von vorne beginnen. Noch nie war Mo die Zeit bis um vier so lang vorgekommen!

Als die Betreuerin ihn endlich entließ, lief er so schnell er konnte nach Hause. Wenn es Ärger gab, wollte er den von dem kleinen Hund auf sich lenken. Wie ihm das gelingen sollte, wusste Mo zwar nicht, er vertraute aber darauf, dass ihm dann schon etwas einfallen würde. Daheim angekommen schlich er sich in den Garten, um durch die Terrassentür ins Wohnzimmer zu spähen. So konnte er zuerst herausfinden, was los war, bevor er darauf reagierte. Tatsächlich sah Mo aber nichts. Nichts Außergewöhnliches jedenfalls. Er schaute sich um und auch mit den Rosen schien alles in bester Ordnung zu sein. Mo atmete auf. Da hörte er von drinnen Geräusche. Die Tür war nur angelehnt und er öffnete sie einen Spaltbreit, um besser lauschen zu können. Es war die Stimme seiner Mutter. So hatte sie zuletzt vor Jahren geklungen! Seine Mutter sang leise das Lied, ohne das er als Kindergartenkind nicht hatte einschlafen können. Er folgte der Melodie bis in die Küche, und dort saß seine Mutter am Tisch und war so in ihre Arbeit vertieft, dass sie ihn gar nicht bemerkte. Sie hatte Pinsel und Farben vor sich ausgebreitet und verzierte einen Blumentopf mit bunten Tupfen. Zu ihren Füßen saß der schwarze Hund und blickte sie wachsam an. Obwohl er so klein war, wirkte es für Mo, als würde er sie beschützen.

Seine Mutter sah auf. „Mo!", rief sie erfreut und hielt den Blumentopf hoch. „Was sagst du zu dem Geschenk für Oma?"

Es machte ihn glücklich, dass sie so fröhlich war. Sonst hatte sie fast immer bedrückt ausgesehen, wenn sie von seiner Großmutter gesprochen hatte. Sie sorgte sich nämlich, dass die im Heim nicht zurechtkam. Oder deshalb, weil sie mit jedem Monat vergesslicher und ängstlicher wurde.

„Sieht aus wie mit Konfetti bestreut. Das gefällt
Oma bestimmt", sagte Mo.

Seine Mutter legte die Malsachen weg und zeigte
auf eine Umhängetasche und einen Packen Papier.

„Ich habe eine Aufgabe für deinen neuen Freund
und dich."

Neugierig nahm Mo das oberste Blatt vom Stapel
und die Enttäuschung machte ihm den Hals eng.
Was er da las, war keine Überraschung. Trotzdem
hatte er geglaubt, dass sich seine Mutter mehr Zeit
damit lassen würde.

6

Wem gehört dieser Hund?

stand in großen Buchstaben auf dem Infozettel.
Darunter waren ein Foto des kleinen Kerls und die
Telefonnummern von Mos Eltern.

Am liebsten hätte Mo jedes einzelne Blatt
zerrissen.

Seine Mutter hielt ihm eine rote Leine und ein
rotes Halsband hin und sagte: „Ich war nach der
Arbeit im Heimtier-Shop. Ich schlage vor, ihr macht
einen Spaziergang und du hängst die Zettel auf."

Mo wusste nicht, was er tun sollte. Einerseits
würde es ihn unglaublich stolz machen, allein
mit dem schwarzen Hund spazieren zu gehen.

Andererseits wollte er nicht gerade derjenige sein, der dafür sorgte, dass sich sein Besitzer möglichst bald meldete. Er wusste natürlich, dass das unfair war. Wahrscheinlich gehörte der Kleine einem anderen Kind und das vermisste ihn jetzt genauso sehr, wie Mo sich wünschte, dass er bei ihm blieb.

„Machen wir", sagte er daher mit hängenden Schultern. Er nahm Leine, Halsband und Tasche, und das Hündchen, das die ganze Zeit aufmerksam zugehört hatte, hob den Kopf. Mo streifte ihm das Halsband über, und als er dabei sein Fell berührte, schimmerte es für einen Moment in allen Regenbogenfarben. Da kam Mos gute Laune zurück und er lief mit seinem neuen Freund hinaus in den strahlenden Frühlingstag.

Sie streiften durch die Stadt wie ein Gewinner-Team. Obwohl Mo den schwarzen Hund an der Leine hielt, zog der nicht daran, sondern marschierte entspannt neben ihm her. Mo fühlte sich, als müsste er vor Stolz platzen. Am liebsten hätte er jedem, dem sie begegneten, zugerufen: „Schau, ich habe einen eigenen Hund!"

Mo war sich nicht sicher, ob es an dem schönen Wetter, dem Duft der Blumen oder an seiner guten Stimmung lag, aber die Leute waren heute besonders freundlich. Sie grüßten und warfen seinem schwarzen Begleiter anerkennende Blicke zu.

„So ein artiges Tier!", lobte eine ältere Dame mit einer glänzenden Brosche und Mo dachte darüber nach, wie recht sie damit hatte. Sein kleiner Freund war einfach genial!

Sie waren nun schon an einigen geeigneten Plätzen vorbeigekommen, aber Mo fand, ihr Auftrag könne noch ein wenig warten. Er wollte das glückliche Hundebesitzer-Gefühl so lange wie möglich auskosten, doch als sie um die Ecke bogen, rutschte ihm das Herz in den Magen. Mitten auf dem Gehsteig stand Herr Grieser und versperrte ihnen breitbeinig den Weg. Der silberne Knauf seines Stocks funkelte und Mo stellte sich beschützend vor den kleinen Hund. Obwohl seine Beine zitterten, machte er ein entschlossenes Gesicht. Er würde nicht zulassen, dass der böse Alte seinem neuen Freund etwas antat. Da hob Herr Grieser seinen Arm und Mo wollte schon aufschreien, doch er zog nur seinen Hut.

„Was für ein Tag!", sagte er freundlich, ging zwei Schritte zur Seite und ließ sie vorbei.

Mo war nun felsenfest davon überzeugt, dass sein Findling kein gewöhnlicher Hund war. Die Leute auf der Straße waren noch nie so freundlich gewesen, und wenn sogar Herr Griesgram ihnen freiwillig Platz machte, konnte das nur eines bedeuten: Sein neuer Freund hatte magische Kräfte! Am liebsten wäre Mo direkt zu Frau Zaubert gelaufen, um sie mit Fragen zu löchern. Wenn ein Mensch über das Hündchen und seine Kräfte Bescheid wusste, dann sie! Leider gab es da aber noch die Tasche mit den Infozetteln. Seufzend hielt Mo dem schwarzen Hündchen ein Blatt hin.

„Wir suchen eine gute Stelle dafür, verstehst du?", sagte er. Und als er sah, wie eifrig der Kleine loslief, fügte er rasch hinzu: „Aber sie muss auch nicht zu gut sein."

Als Mo den letzten Zettel am Stamm einer Kastanie befestigt hatte, stand die Sonne schon tief und er wusste, es war Zeit, nach Hause zu gehen. Seine Mutter würde bereits auf sie warten und er musste den Besuch bei Frau Zaubert auf morgen verschieben. Sonst würde Mama sich Sorgen um ihn machen.

Einerseits wollte Mo das nicht, aber andererseits war seine Neugier in den letzten Stunden immer größer geworden. Nun kam sie ihm höher als alle Häuser der Straße vor, und mit dieser himmelhohen Neugier im Bauch war es beinahe unmöglich, folgsam zu sein. Dazu kam noch, dass die alte Dame fast seine Nachbarin war. Ihr mit Efeu bewachsenes Haus lag auf dem Heimweg, und als sie daran vorbeigingen, passierte es: Bevor er es überhaupt richtig bemerkte, drückte er schon auf die schwarze Klingel. Der tiefe Gongton erklang, zwang Mo stehen zu bleiben, und auch der kleine Hund stand wie angewurzelt da. Sie hörten schlurfende Schritte und dann öffnete Frau Zaubert die Tür. Sie schien überhaupt nicht überrascht zu sein, sie zu sehen.

„Wir haben euch schon erwartet", sagte sie geheimnisvoll, „kommt bitte herein!"

Wie immer, wenn er Frau Zauberts Haus betrat, kam es ihm anders vor als beim letzten Mal. Drinnen war das Licht schummrig und es gab viele Gänge und Zimmer mit Türen, die zu noch mehr Gängen und Zimmern mit Türen führten. Mo hatte den Verdacht, dass sie sich nach seinen Besuchen verschoben, wie es ihnen passte, und er hätte sich alleine niemals in diesem seltsamen Haus zurechtgefunden. Obwohl er es deshalb auch ein wenig unheimlich fand, freute er sich bei jedem Besuch schon auf den nächsten.

Das lag natürlich hauptsächlich an der lustigen Dreierbande, die ihnen jetzt entgegenstürmte. Mo wollte schon lachend seine Hände vors Gesicht schlagen, da bremsten die drei ab und trotteten artig wie Küken hintereinander her. Als Frau Zaubert das sah, warf sie dem schwarzen Hund einen scharfen Blick zu – ganz so, als wollte sie herausfinden, ob er etwas damit zu tun habe. Mo hatte denselben Verdacht. Er betrachtete seinen neuen Freund prüfend, doch der schenkte ihm nur einen unschuldigen Blick. Frau Zaubert sah Mo über den Rand ihrer Brille hinweg vielsagend an, schwieg aber und winkte ihnen mitzukommen.

Sie gingen ins Wohnzimmer, das sich nach Mos Gefühl zwar immer an einer anderen Stelle befand, sonst aber gleich aussah. An den Seiten standen Regale und Schränke aus dunklem Holz, an den Wänden hingen gemusterte Teppiche und in der Mitte des Raums befand sich ein runder Tisch.

Mo setzte sich und das Hündchen rollte sich bei seinen Füßen zusammen. Der Pudel, der Dackel und der Spaniel legten sich auf ihre Hundedecken und Frau Zaubert nahm Mo gegenüber Platz. Obwohl er vorgehabt hatte, sie mit Fragen zu bestürmen, schwieg er. Die ganze Situation flößte ihm zu viel Respekt ein.

Frau Zaubert rückte ihre Brille zurecht, betrachtete den kleinen Hund aufmerksam und sagte: „Wir sind neugierig, Mo. Wen hast du uns da mitgebracht?"

7

Mo zögerte, bevor er antwortete. Schließlich war er genau deswegen hier anstatt zu Hause, wo seine Mutter sicher schon ungeduldig mit dem Abendessen wartete. Um herauszufinden, wer oder was sein neuer Freund eigentlich war.

Er wollte sich aber auch nicht lächerlich machen. Immerhin war Frau Zaubert eine kluge Frau, so viel hatte Mo schon mitbekommen. Und kluge Menschen mochten keine dummen Geschichten. Vielleicht würde sie ihm nicht glauben, wenn er erzählte, was er beobachtet hatte. Vielleicht würde sie denken, er sei verwirrt oder hätte sich das alles nur ausgedacht, um sich wichtig zu machen.

„Ich habe ihn gestern auf dem Schulweg gefunden. Er war ganz allein und ziemlich hungrig. Deswegen wollte ich mich ein bisschen um ihn kümmern. Er sieht aus wie ein Hund, aber ...", sagte Mo deshalb vorsichtig.

Frau Zaubert zog eine Augenbraue hoch. „Aber was?"

Mo holte tief Luft. Wenn Frau Zaubert etwas über den schwarzen Hund wusste, würde er das nur herausfinden, indem er ihr von der Farbsache erzählte. Er musste riskieren, dass sie ihn für verrückt hielt.

„Ich glaube, er ist keiner", sagte er leise.

Frau Zaubert zog nun auch ihre zweite Augenbraue hoch.

„Und wie kommst du darauf?"

Mo seufzte. „Als ich ihn gestreichelt habe, da ... da hat sein Fell irgendwie zu leuchten begonnen. Es war plötzlich rot."

Frau Zaubert betrachtete den kleinen Hund, der ruhig dalag und so tat, als ginge ihn die ganze Unterhaltung nichts an.

„Du sagst also, er kann seine Farbe ändern?"

Mo wurde lebhaft. „Zuerst habe ich gedacht, ich hätte mir das nur eingebildet. Aber später, bei meinem Vater, war es genauso. Er hat ihn gestreichelt und sein Fell hat plötzlich gelb, grün, rot und blau geleuchtet. Fast wie ein Regenbogen! Das ist aber noch nicht alles."

„Er kann noch mehr?", fragte Frau Zaubert neugierig, und Mo war erleichtert, denn sie schien ihm zu glauben.

„Ich denke schon. Die Leute … na ja, sie bekommen gute Laune, wenn sie ihn sehen. Als ich ihn gestreichelt habe, ist mir ganz warm geworden und alles war irgendwie … leicht."

Der kleine Hund lag weiterhin da, den Kopf auf seinen Pfoten, die Augen geschlossen, und zeigte keine Reaktion. Trotzdem hatte Mo den Eindruck, dass er ihrem Gespräch sehr genau lauschte. Frau Zaubert legte die Stirn in Falten, als versuchte sie, sich angestrengt zu erinnern. Mo triumphierte. Sie wusste also doch etwas!

„Hat noch jemand anderes dieses Leuchten bemerkt? Deine Eltern zum Beispiel?", fragte sie schließlich.

Mo überlegte. „Ich glaube nicht. Vermutlich hätten sie ihn wegen seines Regenbogen-Tricks sofort ins Tierheim gesteckt", sagte er ärgerlich.

Mit Blick auf den kleinen Hund versank Frau Zaubert in Schweigen. Mo hörte das Ticken der Wanduhr, das Hecheln der Dreierbande und seinen eigenen Atem – so still war es im Raum. Frau Zaubert wirkte wie eingeschlafen und Mo dachte schon darüber nach, sich davonzumachen, da hob sie endlich den Kopf.

„Ich glaube, ich weiß, wo wir die Antwort finden", sagte sie mehr zu sich selbst. Sie öffnete eine schmale Tür, die Mo bis jetzt nicht bemerkt hatte, und er konnte dahinter eine Wendeltreppe mit einem verschnörkelten Geländer erkennen.

„Ihr wartet hier!", befahl Frau Zaubert und stieg hinauf.

Es dauerte ewig, bis sie zurückkam. In der Hand hielt sie ein Buch mit einem Ledereinband. Es war dick und hatte vergilbte Seiten, aber als sie es aufschlug, ging ein merkwürdiger Glanz von ihnen aus. Frau Zaubert blätterte. Immer wieder stoppte sie, fuhr mit dem Finger eine Zeile entlang und schüttelte dann unzufrieden den Kopf.

„Da ist es!", rief sie endlich, beugte sich über das Buch, und während sie las, schimmerte die Seite in allen Regenbogenfarben. Da wusste

Mo, dass es die richtige Stelle war, und es hielt ihn vor Spannung kaum noch auf seinem Sessel. Frau Zaubert sagte: „Aha!" und „So ist das also", machte aber keine Anstalten, ihm zu erklären, was sie herausgefunden hatte.

„Wer ist er denn nun?", platzte er schließlich heraus und Frau Zaubert lächelte.

„Du hast ziemliches Glück! Die meisten begegnen einem wie ihm ihr ganzes Leben lang nicht."

Mo warf dem kleinen Hund einen dankbaren Blick zu und der zwinkerte verschwörerisch.

„Du bist aber auch besonders dafür geeignet", sagte Frau Zaubert geheimnisvoll und tippte auf die Buchseite. „Hier steht: Nur Menschen mit sehr feinen Sinnen können sein zauberhaftes Farbspiel überhaupt sehen."

„Aber was genau ist er jetzt?", beharrte Mo.

Da erhob sich Frau Zaubert von ihrem Stuhl, zeigte auf den schwarzen Hund und sagte mit feierlicher Stimme: „Darf ich vorstellen, ein original kunterbuntes Sorg-dich-nicht!"

Mo war verwirrt. Er kannte sich mit Fabelwesen aus, denn immerhin las er gerne und mochte Hörbücher. Drachen, Einhörner, Elfen, Hexen, Zauberer oder Feen waren ihm schon untergekommen. Von einem Sorg-dich-nicht hatte er aber noch nie gehört.

Es schien, als hätte Frau Zaubert seine Gedanken erraten, denn sie sagte: „Sorg-dich-nichts sind äußerst selten. Sie erscheinen unangekündigt und können ebenso schnell wieder verschwinden. Ihre neuen Besitzer suchen sie sich bei jedem Auftauchen selbst aus. Zwingt ein Mensch aber ein Sorg-dich-nicht zu bleiben, verliert es seine Kräfte."

Mo stieß einen Pfiff aus.

„Dann ist es wirklich freiwillig bei mir. Aber was genau ist nun seine magische Kraft?"

Frau Zaubert beugte sich über das Buch.

„Wie sein Name schon sagt, vertreibt es alle Arten von Ängsten und Sorgen. Wer ein Sorg-dich-nicht berührt, fühlt sich luftig-leicht wie ein Ballon."

Mo sprang auf.

„Deswegen waren meine Eltern so fröhlich und deswegen hat mein Mathe-Test so super geklappt! Mit meinem neuen Haustier sind wir immer gut drauf!"

Frau Zaubert lächelte.

„Das stimmt, Mo, und es ist ein Geschenk! Denk aber daran, wie wertvoll so ein Sorg-dich-nicht ist. Ich weiß von Leuten, die schon seit Jahren hinter einem her sind. Sie glauben, dass sich mit seinen magischen Kräften gutes Geld machen lässt. Deshalb solltest du am besten niemandem von seinen Zauberkräften erzählen."

„Sein Geheimnis ist bei mir sicher. Es soll seine Tricks ja auch nur für nette Leute auspacken", grinste Mo, winkte und lief, gefolgt von dem Sorg-dich-nicht, auf direktem Weg heim.

8

Mo sah seine Mutter schon von Weitem durch das erleuchtete Küchenfenster. Sie ging auf und ab und machte sich eindeutig Sorgen. Er hatte so etwas befürchtet. Schließlich war es dunkel, und das hieß für seine Eltern, dass er draußen nichts mehr zu suchen hatte. Hinter dem alten Kastanienbaum ging der Mond auf und machte ein vorwurfsvolles Gesicht. Wie es schien, war Mo viel länger bei Frau Zaubert gewesen, als er geglaubt hatte.

Dieses Haus ist eine Zeitfalle, dachte Mo und fragte sich, ob die anderen Kinder mit ihrer Vermutung nicht doch ein wenig recht hatten. Frau Zaubert war zwar keine Hexe, aber vielleicht besaß auch sie oder zumindest ihr seltsames Haus magische Kräfte.

In der Küche telefonierte seine Mutter inzwischen aufgeregt. Mo hoffte, dass sie trotz seiner Verspätung nicht zu sehr schimpfen würde.

„Du hilfst mir doch?", bat er das Sorg-dich-nicht, und obwohl es zustimmend mit dem Schwanz wedelte, drückte Mo die Klingel mit Bauchweh.

„Was hast du dir dabei gedacht!", rief seine Mutter, als sie die Tür öffnete. An ihrer hohen Stimme und den aufgerissenen Augen erkannte Mo, dass sie außer sich war und sich bestimmt nicht so schnell beruhigen würde. Er seufzte. Ein langer Abend voller Vorwürfe und unangenehmer Fragen wartete auf ihn. Da schlüpfte das Sorg-dich-nicht an ihm vorbei und schmiegte sich an das Bein seiner Mutter. Das brachte sie aus dem Konzept.

„Dir bin ich genauso böse. Du hättest ihn längst heimbringen sollen", warf sie dem kleinen Hund vor, klang aber schon milder. Das Sorg-dich-nicht schenkte ihr einen schuldbewussten Blick, und als sie darauf mit einem schwachen Lächeln antwortete, wusste Mo, dass sie so gut wie versöhnt war. Er bemühte sich, ein zerknirschtes Gesicht zu machen, gratulierte sich aber innerlich ein weiteres Mal zu seinem fantastischen neuen Freund.

„Eigentlich bin ich nur froh, dass dir nichts passiert ist", sagte seine Mutter und nahm Mo in den Arm. Das fühlte sich zuerst gut an, aber als sie mit dem An-sich-Drücken nicht mehr aufhörte, machte er sich los. Immerhin war er neun Jahre alt!

„Damit wir uns alle beruhigen, mache ich uns jetzt Waffeln mit Erdbeersoße und Schokolade", schlug seine Mutter vor und Mo nickte begeistert.

Der Abend war gerettet und obendrein bekam er seine absolute Lieblingsspeise.

„Ihre Waffeln sind die besten", flüsterte er dem Sorg-dich-nicht zu, als seine Mutter in der Küche verschwand. „Und jetzt, wo ich weiß, dass du kein Hund bist, stecke ich dir heimlich was davon zu."

Nach der ganzen Aufregung verschlang Mo eine Waffel nach der anderen. Seine Mutter schien so erleichtert über den guten Ausgang des Abends zu sein, dass sie ihm auch noch eine vierte Portion servierte. Wenn sie nicht hinsah, fütterte Mo das Sorg-dich-nicht und es leckte sich genüsslich über die schokoladenverschmierte Schnauze. Alle waren zufrieden und so mit dem Verputzen der Waffeln beschäftigt, dass sie Mos Vater erst bemerkten, als er schon in der Tür stand.

Mo verschluckte sich fast. Würde seine Mutter von der Verspätung erzählen? Sein Vater sah nicht gerade entspannt aus und Mo hatte wenig Hoffnung, dass er sich so leicht besänftigen ließ wie sie. Noch dazu kam, dass er dazu neigte, ihm Strafen aufzubrummen. „So merkst du es dir besser", pflegte er zu sagen. Anschließend verdonnerte er ihn zu drei Tagen Hausarrest, Küchendienst oder Zockverbot. Mo wusste nicht, was davon er im Moment weniger gebrauchen konnte, und machte sich bereit für seine Verteidigung. Sein Vater aber schaute ihn nicht einmal an. Er ging mit energischen Schritten auf das Sorg-dich-nicht zu und baute sich vor ihm auf. Mo blieb die Luft weg. Würde er den kleinen Kerl jetzt schnappen und ins Tierheim stecken? Vielleicht war seine Allergie zurück oder er wollte seine Ruhe, die ihm doch so wahnsinnig wichtig war, wiederhaben? Mo überlegte verzweifelt, was er sagen konnte. Er wollte seinen neuen Freund um keinen Preis verlieren, aber alle Worte, die ihm einfielen, schienen gleich wieder an der kräftigen Figur seines Vaters abzuprallen. Da zog der etwas hinter seinem Rücken hervor. Gleichzeitig hellte sich sein Gesicht auf und er hielt dem Sorg-dich-nicht eine Hundewurst vor die schoko-ladenverschmierte Schnauze.

„Die habe ich extra für dich besorgt", sagte er so stolz, dass er sich beinahe selbst wie ein kleiner Junge anhörte. Das Sorg-dich-nicht wedelte artig mit dem Schwanz und Mo musste in sich hineinlachen. Ganz bestimmt hat es nach den leckeren Waffeln Lust auf eine trockene Hundewurst, dachte er, hütete sich aber davor, etwas zu sagen.

Für Mo begann nun die wunderbarste Zeit. Wie es aussah, hatten seine Eltern beschlossen, dem Sorg-dich-nicht zu vertrauen, denn es durfte endlich neben seinem Bett schlafen. Begeistert breitete Mo die Spieldecke in seinem Zimmer aus und schaffte all seine alten Kuscheltiere heran.

Er türmte sie rund um den Schlafplatz auf und verwandelte ihn so in eine gemütliche Ecke. Seinem neuen Freund schien er zu gefallen, denn er rollte sich sofort darauf zusammen und hielt ein Nickerchen. Mo setzte sich an die Bettkante und umschlang seine Beine. So blieb er eine ganze Weile lang sitzen und tat nichts anderes, als den kleinen Kerl anzusehen. Er fühlte sich einfach glücklich, und zur Schlafenszeit schlüpfte er ohne Widerrede unter seine Decke. Wie er es sich gewünscht hatte, schien ihn das Sorg-dich-nicht vor bösen Träumen zu beschützen, und er schlief zum ersten Mal seit seinen Schwierigkeiten in Mathe wieder zufrieden und fest.

Am Morgen erwachte er mit einem Einfall: Er würde das Sorg-dich-nicht mit allen besorgten und ängstlichen Menschen zusammenbringen, die er kannte und mochte. Dazu musste er ja nichts von seinen Kräften verraten. Und ohne dass sie wussten, warum, würde es ihnen auf einen Schlag besser gehen.

9

Mo hatte seine Freundin Carla immer beneidet. Ihr Kaninchen Leo besaß nicht nur ein besonders weiches Fell, es war auch unheimlich zutraulich. Am Ende des letzten Schuljahres durfte Carla Leo in den Unterricht mitbringen. Alle Kinder wollten ihn halten und er ließ sich streicheln und in der

Klasse herumtragen. Als Mo an der Reihe gewesen war, hatte er das schwarz-weiße Tier behutsam in die Arme genommen. Leo hatte ihn vertrauensvoll angesehen, und von diesem Tag an konnte Mo seine freundlichen, braunen Augen nicht mehr vergessen. Wochenlang hatte er seine Eltern um ein eigenes Kaninchen angebettelt. Er hatte sich beim Bäcker keine Muffins und im Eissalon keine Milchshakes mehr bestellt, um sein Taschengeld zu sparen. Doch seine Eltern änderten ihre Meinung nicht. Jetzt aber tat ihm Carla leid.

Sie saß in sich zusammengesunken auf ihrem Platz in der ersten Bankreihe und an ihren geröteten Augen konnte jeder erkennen, dass sie geweint hatte. Den Grund dafür hatte sie nur ihren vier besten Freunden verraten, und für Mo war es Ehrensache, dass er ihn nicht weitererzählte. Bei einem Sprung vom Dach seines neuen Häuschens hatte sich Leo die Pfote verletzt. Carlas Mutter war sofort mit dem Kaninchen zur Tierärztin gefahren, die ihm eine Schiene verpasst hatte. Die Ärztin hatte die Familie beruhigt. Die Wunde war nicht tief und die Pfote würde rasch wieder heilen. Das Problem war nur: Seither weigerte sich Leo zu fressen. Carla hatte es schon mit allem probiert, was er sonst gerne mochte. Aber selbst seine Lieblingsspeise, junge Karotten, rührte Leo nicht an. Nun wurde er jeden Tag dünner und kraftloser, sodass Carla sich schreckliche Sorgen um ihn machte.

„Wenn er nun verhungert!", weinte sie in der großen Pause im Schulhof und sah ihre Freunde hilfesuchend an. Aber Mo hatte keine Ahnung, wie man Leo helfen konnte, und auch die anderen drei schwiegen bedrückt. Da schlug Carla die Hände vors Gesicht und lief davon. In diesem Moment wusste Mo: Das war ein Fall für sein Sorg-dich-nicht.

Als Mo vom Hort nach Hause kam, hielt sein schwarzer Freund gerade ein Schläfchen. Mo setzte sich an die Bettkante, und als der kleine Kerl prüfend ein Auge aufsperrte, begrüßte er ihn mit den Worten: „Wir haben einen Auftrag!"

Das Sorg-dich-nicht war noch ziemlich verschlafen, aber Mo trieb es an: „Es geht um eine Freundin, und es ist wirklich dringend!"

Da stand der Kleine auf und warf Mo einen Blick zu, der zu sagen schien: Schon gut, ich bin wach und bereit.

Der Weg hinaus führte vorbei an der Küche. Dort stand Mos Mutter mit Block und Stift in der Hand vor dem offenen Kühlschrank. Mo wusste, was das bedeutete. Wenn sie nicht leise genug waren, würde sie ihn bemerken und darum bitten, im Supermarkt Milch, Butter, Käse oder sonst was zu besorgen. Das war an sich kein Problem. Mo half seiner Mutter gerne beim Einkaufen. Beim

Bezahlen kam er sich meist richtig erwachsen vor, und dieses Gefühl machte ihn stolz. Jetzt aber hatte er keine Zeit für stolze Gefühle. Sie mussten Carla so schnell wie möglich helfen, denn ihr Gesicht wurde mit jedem Tag trauriger.

Noch mehr Tränen und sie wird irgendwann vertrocknen, überlegte Mo und dachte dabei an die Lieblingsrose seines Vaters. Als der letzten Sommer wegen einer Knieoperation im Spital lag, hatte Mo seinen einzigen Auftrag verpatzt und sie zu gießen vergessen. Noch einmal so danebenhauen wollte er auf keinen Fall. Er legte also einen Finger an den Mund, was das Sorg-dich-nicht zum Glück sofort begriff. Auf Zehenspitzen und leisen Pfoten schlichen die beiden ins Freie.

„Am besten wir laufen!", rief Mo, als die Kirchturmuhr in Sichtweite kam.

„Es ist fast halb sechs und Carlas Eltern können späten Besuch nicht leiden." Wie immer verstand das Sorg-dich-nicht sofort, was er von ihm wollte. Nebeneinander rannten sie den Gehweg hinunter, durch die Unterführung und landeten in der Kirchgasse. Am Hauptplatz blieb das Sorg-dich-nicht plötzlich stehen.

„Was hast du?", rief Mo ungeduldig. Da entdeckte er den kleinen, rothaarigen Jungen unter dem Baum. Er hockte, die Hände vors Gesicht geschlagen, auf einer Wurzel und weinte. Das

Sorg-dich-nicht sah zu dem Jungen hinüber und warf Mo dann einen bittenden Blick zu.

Mo seufzte.

„Ich versteh schon – du kannst nicht anders", sagte er lächelnd. Gemeinsam gingen sie zu dem Kleinen, aber vor lauter Schluchzen bemerkte der sie gar nicht. Also beugte sich Mo zu ihm hinunter und sagte mit seiner freundlichsten Stimme: „Hallo, ich bin Moritz. Was ist denn passiert?"

Der Junge hob den Kopf. Er war vielleicht fünf oder sechs Jahre alt, hatte rotgeweinte Augen und trug ein Fußball-Shirt mit weißen Streifen.

„Der Ball war ganz neu", schluchzte er. „Mein Papa wird schrecklich schimpfen."

„Du hast ihn verloren?", fragte Mo, doch der Kleine schüttelte wild den Kopf und seine Augen leuchteten für einen Moment vor Stolz.

„Ich hab sehr gut aufgepasst. Genau, wie Papa gesagt hat."

Dann fing er wieder an zu weinen. Mo sah hilfesuchend zu dem Sorg-dich-nicht, doch sein Blick schien zu sagen: Nur weiter so! Du machst das genau richtig.

Mo seufzte und probierte es noch einmal. „Aber wo ist dein Ball jetzt?"

Da zeigte der Kleine auf das graue Wohnhaus gegenüber und sagte wütend: „Da drinnen!"

Mehr brauchte Mo nicht zu wissen, denn nun war ihm klar, was passiert war. In diesem Haus lebte Herr Grieser, und es gab nur eines, das der alte Mann mehr verabscheute als Kinder: Kinder, die vor seiner Tür mit Bällen spielten!

Mo spürte, wie ebenfalls Wut in ihm aufstieg. Warum konnte der schreckliche Alte seine Freunde und ihn nicht endlich in Ruhe lassen? Er würde ihm entgegentreten und den Ball des Kleinen zurückholen! Doch bei dem Gedanken spürte Mo auch Angst. Konnte Herr Grieser ihm etwas antun? Vielleicht war die Geschichte mit dem Schlag auf den Kopf doch wahr! Mo sah das Sorg-dich-nicht hilfesuchend an. Sein entschlossener Blick war auf das graue Wohnhaus gerichtet und für einen kurzen Moment schimmerte sein Fell in einem kräftigen Rot. Da fühlte sich Mo wieder mutig und stark.

„Warte hier! Wir holen deinen Ball zurück", sagte er zu dem Jungen und ging direkt auf das Tor zu.

Mo drückte Herrn Griesers Klingel dreimal, aber der Alte öffnete nicht.

Das passt zu ihm, dachte Mo zornig, und weil er nicht bereit war aufzugeben, versuchte er es bei den Nachbarn. Beim fünften Läuten ging der Summer und Mo warf sich rasch gegen das Tor.

Das Sorg-dich-nicht schlüpfte an ihm vorbei und Mo folgte seinem Freund.

Weil Mo Herrn Grieser schon oft aus seinem Fenster schimpfen gesehen hatte, wusste er, dass seine Wohnung im ersten Stock lag. Er fand das Türschild mit seinem Namen und wollte klopfen, doch da überfiel ihn wieder die Angst. Konnte er es wirklich mit dem grässlichen Griesgram aufnehmen? Schließlich war er nur ein neunjähriger Junge mit ein bisschen Mut – zu viel Mut vielleicht. Da drückte sich das Sorg-dich-nicht gegen sein Bein und im selben Moment flog Mos Faust wie von selbst gegen die Tür.

Herr Grieser öffnete und machte ein Gesicht, als sähe er ein Gespenst. Anscheinend war noch nie ein Kind bis an seine Tür gekommen.

Jetzt schnell, bevor er sie mir vor der Nase zuschlägt, dachte Mo, holte tief Luft und rückte direkt mit der Sprache heraus: „Wir möchten den Ball von unserem Freund zurückhaben."

Herrn Griesers Gesicht verfinsterte sich, aber da Mo sah, dass er seinen Spazierstock mit dem schweren Knauf nicht bei sich hatte, machte er einen raschen Schritt in die Wohnung.

„Bengel, was fällt dir ein!", polterte Herr Grieser, aber Mo hörte kaum hin. Das Aussehen der Wohnung kostete seine ganze Aufmerksamkeit.

Alles darin war grau. Tisch, Stühle, Schränke, Teppiche, ja sogar die Vorhänge sahen aus wie auf einem uralten Foto.

„Wo sind denn die Farben?", platzte Mo heraus. Er erwartete einen Zornausbruch, aber Herr Grieser schwieg. Mit einem Mal sah der griesgrämige Alte nur noch erschöpft aus. Er ließ die Schultern hängen, blickte auf das Sorg-dich-nicht und sagte leise: „Einen braven Hund hast du da."

Dann bückte er sich, streichelte sein Fell und zeigte unter den Tisch. In der finstersten Ecke lag, kaum zu sehen, ein Fußball mit blauen Sternen.

„Nehmt ihn euch!"

Das ließen sich die beiden nicht zweimal sagen. Mo schnappte sich den Ball und war schon wieder bei der Tür draußen.

„Danke!", sagte er, und als Herr Grieser nickte, bildete er sich ein, in seinen Augen ein schwaches, lichtblaues Funkeln zu sehen.

Als der kleine Junge seinen Ball sah, sprang er auf. Er stemmte ihn in die Höhe und stieß einen Freudenschrei aus. „Das erzähl ich Papa!", sagte er und rannte, den Ball fest an sich gedrückt, davon. An der Hausecke blieb er stehen, drehte sich um, zeigte auf das Sorg-dich-nicht und Mo und rief: „Ihr seid die allerbesten Besten!"

Dann war er fort.

Mo streichelte stolz seinen Freund und grinste.

„Gut gemacht. Jetzt müssen wir aber wirklich zu Carla!"

Als sie bei ihrem Haus ankamen, sahen sie Carla und ihre Familie durch die erleuchteten Fenster am Wohnzimmertisch sitzen.

„Wir sind zu spät", sagte Mo enttäuscht, doch dann erkannte er, dass die Familie gar nicht beim Abendessen war. Carla hielt Leo auf den Knien. Sie kraulte ihn hinter den Ohren, während ihre Mutter und ihr Vater ihm eine Karotte nach der anderen zuschoben. Carla strahlte über das ganze Gesicht und Mo war erleichtert.

„Sieht so aus, als wären unsere Aufträge für heute erledigt", sagte er zu dem Sorg-dich-nicht. Zufrieden wanderten sie durch die hereinbrechende Nacht, und erst als sie schon fast zu Hause waren, dämmerte Mo, dass er etwas Wichtiges vergessen hatte.

10

Mos Oma feierte im Juni Geburtstag. Schon morgen war es so weit und er hatte noch kein Geschenk. Seine Mutter behauptete zwar, dass das für seine Oma nicht wichtig sei, aber er war sich da nicht so sicher. Auch wenn Oma fast alles vergaß und sich oft nicht einmal mehr an seinen

Namen erinnerte, hatte sie sich doch immer über seine selbstgemachten Geschenke gefreut. Jetzt hatte er keine Zeit mehr, etwas zu basteln, und ein schlechtes Gewissen. Nachdenklich sah er das Sorg-dich-nicht an. Da kam ihm die perfekte Idee.

Am nächsten Tag rannte Mo gleich nach dem Hort nach Hause. Damit auch sein Vater dabei sein konnte, hatte seine Mutter den Besuch bei Oma für sechs Uhr geplant. Sie war noch nicht vom Büro zurück und so blieb Mo ein bisschen Zeit.

„Bin um 6 bei Oma", kritzelte er rasch auf einen Zettel und scheuchte das Sorg-dich-nicht auf.

„Wir müssen uns beeilen!", rief er und packte seinen Rucksack.

Zu Fuß brauchte Mo nur zehn Minuten bis zum Heim. Wie er wusste, war das ein Grund, warum seine Mutter es für seine Oma ausgesucht hatte. Dass es in der Nähe lag, war natürlich praktisch, sonst gefiel das Heim Mo aber nicht. Er fand, dass es dort viel zu streng zuging, aber seine Mutter meinte, so seien eben die Regeln. Eine dieser Regeln war, dass keine Tiere hineindurften.

„Genau genommen bist du ja auch kein Tier", sagte Mo und zwinkerte dem Sorg-dich-nicht zu. „Zur Sicherheit werde ich dich aber verstecken."

Im Garten des Heims wuchsen uralte Bäume und Mo kauerte sich in den Schatten einer mächtigen Kastanie. Er öffnete seinen Rucksack und winkte das Sorg-dich-nicht hinein.

„Ich glaube, es wird Oma ziemlich guttun, wenn sie weniger Sorgen hat", erklärte er seinem kleinen Freund und der schien ihn wie immer genau zu verstehen. Mit einem Satz hüpfte er in den Rucksack und Mo zog den Zipp bis auf ein Luftloch zu. Dann schnallte er ihn sich um und stapfte damit zum Eingang.

Bevor er läuten konnte, öffnete ihm eine Schwester mit einer reinweißen Uniform und stechend blauen Augen.

„Ich möchte Frau Emilia Ernst besuchen, meine Großmutter. Sie hat heute Geburtstag und wohnt auf Zimmer vier", sagte Mo schnell, denn er wollte vermeiden, dass ihm die Schwester unangenehme Fragen stellte.

„Bist du ganz allein da?", wollte sie wissen und betrachtete ihn misstrauisch. Mo spürte, wie sich das Sorg-dich-nicht in seinem Rucksack bewegte. Ihm wurde kalt, dann heiß und er fing an zu schwitzen. Wenn die Schwester Verdacht schöpfte, wäre sein ganzer schöner Plan verdorben.

Bleib ruhig!, dachte Mo und sagte: „Meine Eltern sind noch in der Arbeit und kommen später."

„Na schön", sagte die Schwester, „aber du musst leise sein! Wenn du störst, wartest du bei mir im Büro."

Obwohl Mo die strenge Schwester nicht mochte, bedankte er sich so höflich er konnte. Er versuchte, ein unschuldiges Gesicht zu machen, aber als er an ihr vorbeiging, zappelte das Sorg-dich-nicht auf seinem Rücken.

„Moment, dein Zipp steht offen", sagte die Schwester plötzlich freundlich. Sie streckte die Hand aus, um ihn zuzuziehen, und Mo hielt die Luft an. Wenn sie das Sorg-dich-nicht jetzt entdeckte, wäre es aus mit dem Geschenk für seine Oma. Seine Eltern würden stinksauer auf ihn sein und sein Vater würde ihm Hausarrest für mindestens drei Tage aufbrummen.

„Als Gast musst du dich an die Regeln des Hauses halten", würde er sagen. Und vielleicht würde er das Sorg-dich-nicht sogar ins Tierheim stecken.

Bei dem Gedanken stolperte Mo rückwärts, sodass die Schwester am Rucksack vorbeigriff. Sie verlor das Gleichgewicht und konnte sich gerade noch an der Wand abstützen.

„Danke!", beeilte sich Mo zu sagen und tat so, als würde er den Zipp selbst zuziehen. Dann drehte er sich um und lief so schnell er konnte die Treppen hinauf.

Zum Glück kam ihm die Schwester nicht nach. Mo atmete auf, tätschelte beruhigend seinen Rucksack und öffnete dann die Tür von Zimmer vier.

Seine Oma saß in der Ecke in einem grauen Ohrensessel. Weil seine Lehne sie weit überragte, wirkte sie so winzig und verloren, dass Mo doppelt froh war, hier zu sein. Mit großen Augen sah sie ihn an und fragte: „Haben Sie meinen Mann gesehen? Er trägt einen schwarzen Hut und eine graue Fliege."

Mo wusste, dass seine Oma öfter verwirrt war. Zum Beispiel glaubte sie in so einem Moment, dass sein Opa noch lebte, und machte sich Sorgen, weil er nicht von seinem Spaziergang zurückkam.

„Oma, ich bin es – Moritz", sagte Mo deshalb sanft. „Ich hab ein Geschenk für dich. Ab jetzt musst du dir keine schlimmen Gedanken mehr machen."

Er stellte den Rucksack auf den Boden und öffnete den Zipp. Heraus sprang das kunterbunte Sorg-dich-nicht.

„Oh!", machte seine Oma leise. Sie wirkte gar nicht überrascht und sah das Sorg-dich-nicht erwartungsvoll an. Da stellte sich der kleine Kerl auf die Hinterpfoten und fing an, so kunterbunt zu schillern und zu leuchten, dass Mo nur staunte. Vor Verblüffung brachte er keinen Ton heraus, aber seine Oma fing an zu singen. Dabei sah sie fast so glücklich aus wie auf dem Foto, das er vom Schreibtisch seiner Mutter kannte. Das, auf dem sie noch jung und seine Mutter ein Kind war. Omas Fröhlichkeit war ansteckend und Mo musste lachen, da hörte er Schritte im Treppenhaus. Sie kamen näher, jetzt war die Person schon am Gang und Mo stürzte zu seinem Rucksack.

„Beeil dich!", rief er dem Sorg-dich-nicht zu, es machte einen Satz hinein und noch in derselben Sekunde öffnete die Schwester die Tür. Mo stellte sich rasch vor den Rucksack und bemühte sich, möglichst unauffällig dreinzuschauen. Die Schwester musterte ihn von oben bis unten.

„Was ist das für ein Lärm?", fragte sie streng und an der steilen Falte auf ihrer Stirn konnte Mo erkennen, wie verärgert sie war. Mo überlegte fieberhaft, wie er das alles am besten erklären konnte, da stand seine Oma aus ihrem Sessel auf.

„Das ist mein Enkel Moritz", sagte sie mit klarer Stimme. „Er besucht mich zu meinem Geburtstag, und weil ich das so gerne mag, hat er mir ein Ständchen vorgesungen. Können nicht alle Großmütter der Welt nur von so einem wunderbaren Enkelsohn träumen?"

Die Schwester sah verwirrt von einem zum anderen.

„Natürlich, Frau Ernst, da haben Sie recht. Dann wünsche ich Ihnen noch eine schöne Feier", sagte sie, nickte und verließ das Zimmer.

Kaum war die Schwester draußen, rief Moritz: „Oma, du bist ja wieder voll da!", und warf sich in ihre ausgebreiteten Arme.

Als seine Eltern ein paar Minuten später ins Zimmer kamen, blieb ihnen der Mund offen stehen. Mo und seine Oma saßen am Tisch und spielten *Schwarzer Peter* – so wie sie es gerne getan hatten, als sie noch nicht verwirrt gewesen war. Mo bemerkte, wie sich seine Mama darum bemühte, ihre Rührung zu verbergen. Aber als danach alle zusammen „Hoch soll sie leben!" sangen, liefen ihr vor Freude Tränen über die Wangen.

„Ich glaube, wir haben uns geirrt. Du wirst heute nicht 80, sondern maximal 40", scherzte Mos Vater.

Da bekam Mo Angst, dass seine Oma ihn und das Sorg-dich-nicht verraten würde, aber sie hielt dicht. Und weil alle so glücklich waren, nahmen seine Eltern auch keine Notiz von dem seltsamen Rucksack, der in der Ecke stand und alle paar Minuten höchst eigenartig vor sich hinzappelte.

Am Abend lag Mo im Bett und streichelte zufrieden das Sorg-dich-nicht, das sich neben ihm auf der Spieldecke zusammengerollt hatte. Sein Vater kam ins Zimmer und setzte sich an die Bettkante.

„Wir sind stolz auf dich, Moritz! Deine Oma war schon lange nicht mehr so gut drauf."

Dann zögerte er eine Weile, bevor er sagte: „Aber eins würde uns schon interessieren - wie hast du das nur gemacht?"

Das Sorg-dich-nicht spitzte die Ohren und Mo spürte, wie sein Herz wild zu klopfen anfing. War das die Gelegenheit, seinen Eltern von den seltsamen Kräften seines neuen Freundes zu erzählen?

Ich müsste nicht mehr heimlichtun, dachte er. Er war erleichtert bei dem Gedanken, aber dann fiel ihm ein, was Frau Zaubert gesagt hatte: „Behalte das Geheimnis für dich."

Sollte er ihren Rat einfach so ignorieren? Was, wenn diejenigen, die nach dem Sorg-dich-nicht suchten, durch ihn herausbekamen, wo es steckte?

Doch bevor er sich entscheiden konnte, sagte sein Vater: „Du siehst richtig müde aus. Erzähl uns lieber morgen davon."

11

Als Mo die Augen öffnete, waren die Worte seines Vaters wieder da. Er beugte sich aus dem Bett und betrachtete das Sorg-dich-nicht, das friedlich auf der Spieldecke lag und träumte.

Ich verrate nichts, dachte er. Wenn wirklich jemand hinter dir her ist, wäre das viel zu gefährlich.

Weil Samstag war, ging Mo mit Bauchweh zum Frühstück. Sein Vater würde da sein und seine Frage bestimmt wiederholen. Außer Mo selbst hatte bisher niemand das bunte Schillern des Sorg-dich-nichts sehen können. Herr Griesgram und seine Oma hatten seine magischen Kräfte nur gespürt. Es war ihnen zwar besser gegangen, aber sie hatten nicht begriffen, warum. Wenn er das Geheimnis jetzt verriet, hatte das Sorg-dich-nicht vielleicht keine ruhige Minute mehr. Alle würden kommen und etwas von ihm wollen. Er musste seinem Vater unbedingt klarmachen, dass er die Geschichte nicht ausplaudern durfte.

Mo rückte nervös auf seinem Sessel hin und her. Er überlegte, was er sagen sollte, doch sein Vater fing selbst an zu reden. Es ging um eine Verwechslung in der Arbeit. Statt zu einer Hochzeit hatte der Fahrer 2000 Rosen in ein Postamt geliefert.

„Der Mann am Schalter machte so ein Gesicht!", sagte Mos Vater und riss Augen und Mund auf.

Mos Mutter lachte. Sie drehte sich zu Mo, der sich bereit für eine Ausrede machte.

„Möchtest du Marmelade?", fragte sie und er nickte erleichtert. Wie es aussah, hatten seine Eltern ihre dringende Frage einfach vergessen.

Nach dem Frühstück ging Mo mit dem Sorg-dich-nicht hinaus. Die Sonne schien, die Vögel zwitscherten und sie spazierten gut gelaunt den Gehweg entlang. Leute kamen und grüßten und es fühlte sich beinahe so an, wie Mo es sich mit einem gewöhnlichen Haustier vorstellte. Er war glücklich. Von ihm aus hätte der Tag immer so weitergehen können, aber als sie nach Hause kamen, stolperte er im Vorraum über einen Koffer. Er betrachtete den schwarzen Kasten und es traf ihn wie ein Schlag: Die Pfingstferien! Er hatte überhaupt nicht mehr daran gedacht, dass seine Familie um diese Zeit jedes Jahr in die Berge fuhr. Rund um das Hotel konnte man alles Mögliche machen: Bogenschießen, Wildwasserfahren, Sommerrodeln, Goldwaschen und Hochseilklettern. Kurz gesagt also richtig viel Spaß haben. Doch wenn Mo jetzt daran dachte, wurde ihm nur übel. Im Hotel waren keine Haustiere erlaubt und seine Eltern hatten ihm sehr genau klargemacht, was das bedeutete: Das Sorg-dich-nicht musste ins Tierheim!

„Ich geb dich nicht her!", rief er verzweifelt. Mo überlegte, zusammen mit seinem Freund wegzulaufen, aber er hatte keine Idee, wohin. Er dachte darüber nach, sich gemeinsam zu verstecken, aber er wusste nicht, wo. Kurz kam ihm sogar der Gedanke, sich krank zu stellen, aber er hatte keine Ahnung, wie er das machen sollte.

Niedergeschlagen hockte Mo sich neben den Koffer. Das ganze Haus kam ihm finster und ungemütlich vor, und erst als sich das Sorg-dich-nicht an ihn drängte, schien es wieder ein bisschen heller zu werden. Seine Mutter kam, betrachtete Mo, das Sorg-dich-nicht und den Koffer und schien sofort zu begreifen. Sie machte ein verständnisvolles Gesicht und sagte: „Ich kann mir denken, wie schwer das für dich ist."

Am liebsten hätte Mo „Nein, kannst du nicht!" geschrien, aber er tat es nicht.

Er wusste nämlich nur zu genau, was sie antworten würde: „So war es von Anfang an ausgemacht. Und nur deshalb habe ich es überhaupt erlaubt."

Dagegen konnte er nichts sagen. Es war die Wahrheit, und das zu akzeptieren, kostete ihn seine ganze Kraft.

Dazu erfuhr er nun, dass seine Mutter schon im Tierheim angerufen und ihr Kommen angekündigt hatte. Sie hatte die Spieldecke zusammengerollt und die Futterschüssel in den Schrank geräumt. Sogar der Autoschlüssel und die Fußmatte, auf der das Sorg-dich-nicht während der Fahrt sitzen sollte, lagen schon bereit. Für Mo sah es so aus, als könnte es ihr gar nicht schnell genug gehen, das Sorg-dich-nicht loszuwerden. Das machte ihn noch trauriger.

„Komm, wir bringen es hinter uns", sagte seine Mutter sanft, aber das konnte Mo nicht trösten. Mit hängendem Kopf trottete er hinter ihr her zum Auto, und auch das Sorg-dich-nicht schlich bedrückt hinterdrein.

Während der Fahrt kuschelte es sich fest an ihn. Mo streichelte sein weiches Fell und sah, wie es in allen Farben zu schimmern begann. Da besserte sich seine Stimmung etwas und er flüsterte: „Wir zwei treffen uns hundert Pro wieder."

Das Tierheim lag außerhalb der Stadt in einer unbewohnten Gegend. Um dorthin zu gelangen, fuhr Mos Mutter von der Schnellstraße ab und einen Schotterweg entlang. Das Auto rumpelte über Schlaglöcher und Steine und Mo wäre am liebsten auf der Stelle umgedreht. Diese verlassene Gegend kam ihm alles andere als vertrauenerweckend vor.

„Die sind hier bestimmt nett", flüsterte er – mehr um sich selbst zu beruhigen. Und das Sorg-dich-nicht antwortete mit einem schwachen Schimmern.

Am Ende des Schotterwegs stand ein Haus mit einer Steinmauer darum. Sie war so hoch, dass Mo nicht in den Hof sehen konnte. Nur das rote Ziegeldach

ERHEIM

des Hauses war zu erkennen. Mos Mutter hielt vor dem rostigen Tor, auf dem zwei Krähen hockten und sie neugierig beobachteten. Als sie aus dem Auto stiegen und die Klingel neben dem Schildchen Tierheim drückten, flatterten die beiden krächzend davon. Zur gleichen Zeit ging ein ungeheurer Lärm los. Hinter dem Tor kläffte, knurrte, heulte und bellte es, dass Mo sich am liebsten beide Ohren zugestopft hätte. Es kam ihm vor wie eine Ewigkeit, bis auf der anderen Seite jemand den Riegel hob und das Tor ein Stück weit aufschob.

Der Mann war so groß, dass er sich trotz der Höhe des Eingangs bücken musste. Er hatte eine Glatze und trug eine Brille mit Gläsern, die seine Augen winzig klein aussehen ließen und Mo an Kirschkerne erinnerten. Mit seinem mächtigen Körper versperrte er ihnen den Zutritt.

„Ich habe angerufen", erklärte Mos Mutter und zeigte auf das Sorg-dich-nicht.

„Sie sind das", stellte der Mann fest, bewegte sich aber keinen Millimeter. Mo versuchte, an ihm vorbei in den Hof zu schielen, aber er erkannte nur undeutliche Schatten. Die Hunde hinter dem Tor kläfften jetzt noch lauter.

„Sind Sie Mitglied bei uns? Das kostet 50 Euro im Jahr", sagte der Mann mit einer seltsam gleichgültigen Stimme.

„Wir unterstützen die Tiere natürlich gerne", antwortete Mos Mutter freundlich. Sie zog ihre

Geldbörse aus der Tasche und der Mann nickte. Er nahm das Geld an sich und steckte es in seine Hosentasche. Endlich machte er einen Schritt zur Seite.

Mo fürchtete, dass die Hunde nun völlig durchdrehen würden, aber kaum war das Sorg-dich-nicht durch das Tor, hielten sie still. Sie standen wie verzaubert in ihren Käfigen und beobachteten jeden Schritt seines Freundes. Kein Gebell, Gekläffe oder Geheule mehr. Alle verhielten sich so, als spazierte mindestens ein Löwe ins Tierheim. Das bemerkte auch der große Mann.

„So haben sie hier noch keinen begrüßt", sagte er anerkennend und wandte sich an Mo.

„Dafür bekommt dein schwarzer Freund einen Ehrenplatz."

Er zeigte auf einen hohen, leeren Käfig in der Mitte der Reihe, holte einen Schlüsselbund aus seiner Hosentasche und öffnete die Tür. Mo sah die Betonwand, den Steinboden und das Drahtgitter und ihm wurde eiskalt. Er ging in die Knie und umarmte das Sorg-dich-nicht.

„Ich hol dich hier raus", flüsterte er.

Seine Mutter streichelte dem Sorg-dich-nicht über den Kopf und dann führte es der Mann am Halsband in den Käfig. Mo fühlte sich elend. Er konnte die Tränen nicht zurückhalten und sah alles nur mehr verschwommen. Trotzdem konnte er noch erkennen, wie sich der große Mann zufrieden die Hände rieb, und das machte ihn misstrauisch.

„Sie finden ja den Weg nach draußen", sagte der Mann knapp und ging, ohne zu grüßen, mit schnellen Schritten Richtung Büro. So als hätte er etwas vor. Mo musste unbedingt herausbekommen, was das war, aber seine Mutter hinderte ihn daran.

„Darf ich mich allein von meinem Freund verabschieden?", fragte er deshalb. Er wusste ja, dass er ihr wegen der ganzen Sache mit dem Tierheim auch leidtat.

„In Ordnung. Ich warte im Auto", sagte sie und nickte, wie Mo es gehofft hatte.

Er sah ihr nach, und sobald sie durch das Tor war, schlich er zum Fenster des Büros. Durch die gekippte Scheibe hörte er den Mann telefonieren.

„Ich glaube, ich habe, wonach ihr so lange gesucht habt", verstand Mo. Dann trat der Mann ans Fenster und schloss es.

12

Die Fahrt zum Hotel kam Mo doppelt so lang vor wie sonst. Das lag daran, dass er sich nicht ein bisschen über den Urlaub freuen konnte. Niedergeschlagen hockte er hinter seinen Eltern im Auto und starrte hinaus. Die Hügel und Wälder wirkten grau und die Häuser sahen verlassen und ungemütlich aus.

„Was möchtest du zuerst unternehmen? Bogenschießen?", fragte Mos Mutter. Sie tat das wahrscheinlich, um ihn aufzumuntern, aber das war völlig umsonst. Mo konnte nur an das Sorg-dich-nicht denken. Er stellte sich vor, wie es ganz allein in diesem kalten Käfig saß und fror. Das machte ihn traurig, und noch dazu war er ziemlich sicher, dass der große Mann mit den dicken Brillengläsern nichts Gutes mit ihm vorhatte.

Ich muss mir was einfallen lassen, um es da rauszuholen, überlegte er.

Seine Mutter wiederholte ihre Frage.

Damit sie zufrieden war, sagte Mo schließlich: „Bogenschießen ist okay."

Sie waren rechtzeitig zum Abendessen beim Hotel. In den letzten Jahren war Mo nach der langen Fahrt sofort zum Buffet gestürzt. Er liebte das Essen dort und füllte seinen Teller immer randvoll. Heute aber hatte er keinen Hunger. Während sich seine Eltern verschiedene Köstlichkeiten aufluden, saß er auf seinem Platz und starrte auf das karierte Tischtuch. Obwohl es vom Buffet herüberduftete, machte ihm das keinen Appetit.

„Es gibt Schnitzel mit Pommes", versuchte seine Mutter, ihn zu locken. Aber nicht einmal die

Schokotorte oder das Vanilleeis konnten seine Meinung ändern. Solange er nicht wusste, ob es dem Sorg-dich-nicht gutging, interessierte ihn auch kein Essen.

Später lag Mo im Hotelbett, das zugegeben sehr weich und gemütlich war, und dachte darüber nach, wie er nach Hause kommen konnte. Er hatte kein Geld für eine Zugfahrkarte, natürlich null Ahnung vom Autofahren und zu Fuß würde er eine ganze Woche lang brauchen.

„Ich kann dir nicht helfen", flüsterte Mo in die Dunkelheit. Dabei hatte er das seltsame Gefühl, dass sein Freund ihn hören konnte, und das machte ihm wieder Mut.

„Vielleicht fällt mir morgen was ein", erklärte er ein bisschen zuversichtlicher und schlief schon bald darauf ein.

In der Früh hatte Mo noch immer keinen Hunger. Damit seine Mutter ihn in Ruhe ließ, aß er aber ein Stück Brot mit Erdbeermarmelade.

„Schließlich brauchst du Energie zum Bogen-schießen", sagte sie zufrieden und Mo nickte schwach.

Trotzdem traf er zwei Stunden später kein einziges Ziel. Obwohl er sich im letzten Jahr schon recht geschickt angestellt hatte, wie sein Vater es nannte, sausten die Pfeile nur so an den Scheiben vorbei.

„Du konzentrierst dich nicht", stellte der Trainer fest, und Mo wusste, dass er damit recht hatte. Er war mit seinen Gedanken immer noch bei seinem eingesperrten Freund. Mit hängendem Kopf sammelte er die Pfeile ein, und als sein Vater am Schluss des Kurses zusammen mit allen anderen Ergebnissen vorlas, dass Mo auf dem letzten Platz gelandet war, war es ihm völlig egal.

Zu Mittag zog Mo sich in das Hotelzimmer zurück. Nach einer Weile klopfte es. Vor der Tür stand seine Mutter.

„Ein Besuch im Stall wird dich ablenken", sagte sie fröhlich.

„Ich hab uns für die Tour angemeldet. Es gibt neugeborene Ferkel."

Mo wusste, dass der Hotelmanager auch einen Bauernhof besaß. Der lag gleich nebenan und die Stallführungen gehörten mit zum Programm für die Gäste.

„Muss das sein?", fragte Mo. Doch seine Mutter tat so, als hätte sie ihn gar nicht gehört.

„Es wird dir gefallen", sagte sie und lächelte.

Da Mo klar war, dass sie nicht aufgeben würde, schlüpfte er in seine Schuhe. Hinter seiner Mutter her stapfte er zum benachbarten Stall.

Drinnen roch es nach Heu und Schweinemist. Es war halbdunkel und die kleinen Ferkel quiekten vergnügt. Sie drängten gegen den Zaun und steckten ihre feuchten, rosa Rüssel durch die Stäbe. Es waren sieben Stück und eines sah neugieriger aus als das andere. Eigentlich hätten die putzigen Kerle Mo aufmuntern sollen, aber da waren noch die Stäbe aus Eisen. Sie erinnerten ihn daran, dass das Sorg-dich-nicht im Tierheim auf seine Befreiung wartete, während er hier war und nichts für es tun konnte.

Am Abend saß Mo wieder vor einem halbleeren Teller. Er hatte sich eine winzige Portion Reis mit Erbsen vom Buffet geholt und stocherte missmutig darin herum. Er betrachtete gerade eine der grünen Kügelchen, die er mit der Gabel aufgespießt hatte, da setzten sich seine Eltern zu ihm an den Tisch. Durch ihren ernsten Blick und weil sie keine Teller bei sich hatten, wusste Mo gleich, sie hatten ihm etwas zu sagen. Schuldbewusst legte er seine Gabel weg. Ihm war klar, dass er sich schlecht benommen hatte. So ein Urlaub kostete einen Haufen Geld, das kapierte er auch als Neunjähriger schon. Seine Eltern erwarteten daher, dass er sich wenigstens ein bisschen bemühte, Spaß zu haben. Schließlich war das hier das beste Erlebnishotel aller Zeiten - zumindest stand das so in den Werbeprospekten, die überall herumlagen.

„Moritz!", begann sein Vater. Mo fand, dass das kein guter Anfang war. Wenn seine Eltern ihn so nannten, waren sie meist richtig sauer auf ihn.

Ich entschuldige mich lieber gleich, dachte er und holte Luft, aber sein Vater kam ihm zuvor.

„Deine Mutter und ich sehen, dass es dir hier nicht gutgeht. Du schleichst durch die Gänge wie ein Geist, willst nirgendwo mitmachen und hast noch kein einziges Mal gelacht. Deswegen haben wir entschieden, schon morgen abzureisen."

Mo konnte nicht glauben, was er da hörte. Als er es endlich begriff, sprang er auf und umarmte seine Eltern. Noch nie hatte er sich so über ein Urlaubsende gefreut.

13

Das Auto stand noch nicht richtig vor dem Haus, da riss Mo die Tür auf.

„Moritz!", schimpfte sein Vater, aber da war er schon bei seinem Fahrrad.

„Ich bin bald zurück!", rief er, und bevor seine Eltern ihn aufhalten konnten, trat er in die Pedale.

Er hörte seine Mutter „Du bleibst auf den Feldwegen!" rufen, dann bog er um die Ecke. Wenn er sich beeilte, würde er rechtzeitig vor dem Dunkelwerden beim Tierheim sein. Mo hatte keinen Plan. Trotzdem wollte er seinen Freund so schnell wie möglich wiedersehen.

Als Mo die Schotterstraße entlangsauste, sank die Sonne bereits hinter die Hecken. Orangefarbenes Licht kroch zwischen den Blättern hindurch und er hoffte, dass er nicht zu spät dran war. Er biss die Zähne zusammen und radelte schneller. Vor ihm tauchte das Heim auf.

Eine Minute noch!, sagte sich Mo und ignorierte das Brennen seiner Beine. Als er da war, sprang er vom Rad und warf es auf den Weg. Er rannte zum Eingang und stand vor der verschlossenen Tür. Auf dem Schild stand:

Wir sind morgen wieder für Sie da!

Außer Atem ging Mo in die Hocke. Er war zuerst drei Stunden mit seinen Eltern von dem Hotel nach Hause gefahren, dann eine halbe Stunde hierher geradelt und jetzt das! Er war so wütend und enttäuscht, dass er am liebsten laut geschrien hätte.

Er dachte an seinen Freund. Nur diese dumme Mauer trennte sie noch!

Ich gebe nicht auf, sagte Mo sich und sah sich um. Da er nirgendwo ein Auto oder ein anderes Fahrzeug entdecken konnte, fühlte er sich sicher. Er lehnte sein Fahrrad gegen die Mauer und stieg vorsichtig auf den Sitz. Das Fahrrad wackelte,

blieb aber stehen. Mo streckte sich und erreichte mit einer Hand die Kante. Behutsam ging er auf die Zehenspitzen und griff mit der anderen Hand nach. Das Fahrrad kippte und Mo dachte: Jetzt stürze ich ab!

Blitzschnell stemmte er seine Füße gegen die Mauer und zog sich hoch. Das Fahrrad krachte zu Boden, aber Mo landete oben. Triumphierend schaute er in den Hof hinunter und die Hunde begrüßten ihn mit stürmischem Gebell.

Mit den Augen suchte Mo das Sorg-dich-nicht. Als er es entdeckte, stürzte er beinahe von der Mauer. Sein fröhlicher Freund war nur noch ein schwarzes Bündel Fell. Er lag kraftlos in der Ecke seines Käfigs und starrte wie blind vor sich hin.

„Das lass ich nicht zu!", rief Mo. Auf der Mauer balancierte er zu dem Kirschbaum im Hof und schwang sich hinüber. Er hörte, wie der Ast knackte und brach, aber es war ihm egal. Er ließ los und landete hart auf dem Boden. Etwas in seinem Fuß stach, aber Mo biss die Zähne zusammen, rappelte sich hoch und rannte zu seinem Freund. Er steckte seine Hand durch die Gitterstäbe und streichelte sein struppiges Fell. Das Sorg-dich-nicht blinzelte schwach. Sonst geschah nichts. Kein kunterbuntes Schimmern oder Leuchten. Das Fell blieb schwarz und Mo fühlte auch nicht diese beruhigende Wärme in seinem Bauch. Da hörte er draußen ein Auto vorfahren.

Ihr kriegt mich nicht!, dachte Mo und war mit drei Sätzen beim Baum. Er sprang, umklammerte einen Ast und zog sich daran hoch. In der Krone verborgen, beobachtete er, wie der große Mann mit den Kirschkernaugen aus seinem Lieferwagen stieg. Während er die Tür aufsperrte, kletterte Mo auf das Dach des Wagens. Er ließ sich auf der Kofferraumseite herunter, schnappte sein Rad und preschte davon.

Während er nach Hause sauste, wirbelten die Gedanken nur so in seinem Kopf. Das Sorg-dich-nicht war eindeutig krank. Um es da rauszuholen, blieb ihm nur wenig Zeit. Seine Eltern konnte er nicht um Hilfe bitten. Er konnte es zwar versuchen, aber die Chancen, dass sie sofort etwas unternahmen, standen schlecht. Seine Freunde waren nicht stark genug, um sich gegen so einen großen Mann zu wehren. Blieb nur noch Frau Zaubert. Als Mo an die alte Frau mit der Hornbrille dachte, bekam er ein gutes Gefühl.

Sie ist die Richtige für den Job, sagte er sich und bog von der Schotterstraße ab.

14

Mo läutete Sturm bei Frau Zaubert, aber die schien sich nicht aus der Ruhe bringen zu lassen. Es kam ihm wie eine Ewigkeit vor, bis er ihre schlurfenden Schritte hörte und sie mit Hornbrille und zu einem festen Knoten geschlungenen Haaren in der Tür erschien.

„Wie können wir dir helfen?", fragte sie, als wüsste sie - wie immer - längst Bescheid.

„Es geht um das Sorg-dich-nicht!", rief Mo atemlos. „Der Mann mit den Kirschkernaugen will es verkaufen!"

„Der Mann mit den Kirschkernaugen?"

Aber Mo hatte keine Zeit für Erklärungen.

„Wenn Sie ihm nicht helfen, wird es seine Kräfte verlieren und vielleicht sogar sterben!"

„Ich?", fragte Frau Zaubert, als wäre es das Undenkbarste auf der Welt. „Du bist doch sein Freund!"

„Allein schaffe ich es nicht", sagte Mo verzweifelt.

„Wenn es seine Kräfte verloren hat, ist es für die Käufer nutzlos. Das werden sie rasch herausfinden und es wieder zurückgeben wollen", entgegnete Frau Zaubert.

Wie kann sie nur so ruhig bleiben, wo sie doch weiß, was mit Sorg-dich-nichts passiert, wenn sie gegen ihren Willen festgehalten werden, dachte Mo wütend.

„Aber vielleicht ist es dann schon zu spät!", schrie er und gleichzeitig schossen ihm die Tränen in die Augen.

„Du sorgst dich wirklich um deinen Freund", stellte Frau Zaubert immer noch ruhig fest.

„Er ist mein bester", schluchzte Mo.

Das schien sie endlich zu überzeugen.

„Ich hole meine Tasche", sagte sie und verschwand im Haus.

Das Warten war jetzt noch schlimmer. Mo hatte das Gefühl zu zerreißen, als sie endlich mit einer Tasche in Leopardenmuster unter dem Arm aus der Tür trat.

„Wir nehmen den Bus", sagte sie und ging mit erhobenem Kopf voraus.

Mit dem Rad wäre ich fünfmal schneller, dachte Mo, als sie fast zwanzig Minuten später im Bus saßen, sah aber ein, dass Frau Zaubert keine Radfahrerin war. Hoffentlich hatte sie wenigstens den perfekten Plan!

Je näher sie dem Tierheim kamen, desto mutloser wurde Mo. Er betrachtete Frau Zaubert, wie sie so dasaß mit geradem Rücken, ordentlicher Frisur und wachem Blick, und ihm kam der Gedanke: Sie ist trotzdem eine alte Frau.

Der Mann mit den Kirschkernaugen war nicht nur riesig, sondern auch viel jünger und vermutlich zehnmal so stark. Was, wenn Mo, statt dem Sorg-dich-nicht zu helfen, dazu noch Frau Zaubert und sich selbst in Gefahr brachte?

Die Käufer waren wahrscheinlich auch keine netten Menschen, denn immerhin hatten sie ziemlich sicher geplant, das Sorg-dich-nicht weiter festzuhalten und seine Dienste gegen Geld anzubieten.

Der Bus hielt am Beginn der Schotterstraße. Mo war jetzt richtig verzweifelt, aber Frau Zaubert stieg aus, als hätten sie vor, im Tierheim ein paar Kätzchen zu streicheln. Mit festem Schritt ging sie voraus und Mo musste sich bemühen mitzuhalten. Das Heim kam in Sicht und er erkannte, dass davor ein schwarzer Wagen parkte. Zwei Fremde in dunklen Anzügen standen dort und diskutierten mit dem großen Mann, während ein Arbeiter in einem Blaumann etwas zum geöffneten Kofferraum trug. Es war ein schwarzes Bündel Fell. Mo begann zu laufen. Seine Beine flogen nur so über die Schotterstraße und er erreichte den

Wagen, als der Arbeiter das kraftlose Sorg-dich-nicht gerade in einen Zwinger schob.

„Das ist mein Hund!", schrie Mo so laut er konnte, und tatsächlich schauten ihn alle vier Männer an. Der Arbeiter sah verständnislos aus, aber die Blicke der anderen drei waren drohend.

„Dich kenn ich doch, Bursche!", sagte der Mann mit den Kirschkernaugen und kam mit erhobener Faust auf Mo zu. Als der sich wegducken wollte, legte ihm Frau Zaubert von hinten eine Hand auf die Schulter. Er hatte keine Ahnung, wie sie so schnell hatte hier sein können, aber er war unheimlich erleichtert. Frau Zaubert schien auch den großen Mann zu beeindrucken, denn er ließ seine Faust sinken und riss seine Kirschkernaugen auf.

„Das ist nicht ganz korrekt", flötete sie, sah den großen Mann herausfordernd an und streichelte Mo über den Kopf.

„Mein Enkel meint aber natürlich das Richtige. Genau genommen gehört der Hund mir."

Der große Mann schwieg verwirrt und einer der beiden Fremden im dunklen Anzug trat vor.

„Kannst du das beweisen, Oma?", fragte er unfreundlich.

Das hätte er lieber nicht getan, denn nun traf ihn einer von Frau Zauberts berühmten Blicken und

Mo konnte zusehen, wie er plötzlich unsicher wurde und von einem Bein auf das andere trat.

„Junger Mann, können Sie lesen?", fragte sie und öffnete ihre Tasche mit dem Leopardenmuster. Heraus zog sie ein Schriftstück, das sie dem Fremden direkt unter die Nase hielt. Der betrachtete es eine Weile und kratzte sich schließlich am Kopf. Der zweite Fremde kam, las und flüsterte dem Ersten zu: „Das Vieh gehört der Alten."

Dann wandten sich beide an den großen Mann mit den Kirschkernaugen und sagten im Chor: „Was hast du uns da für einen Mist angedreht, hä?!"

Während die drei Männer miteinander zu streiten und zu schreien anfingen, drängte sich Frau Zaubert an ihnen vorbei zum Kofferraum.

„Entschuldigen Sie", sagte sie bestimmt, winkte Mo zu sich, und der hob das Sorg-dich-nicht vorsichtig aus dem Zwinger und in seine Arme.

Seinen Freund wiederzuhaben, war das beste Gefühl der Welt! Während der Busfahrt hielt Mo das Sorg-dich-nicht auf seinem Schoß, und obwohl es immer noch kraftlos dalag, war er voll Zuversicht. Jetzt würde hoffentlich alles gut werden.

„Es braucht ein bisschen Ruhe", sagte Frau Zaubert, als sie in ihrem Haus angekommen

waren. Mit einem kurzen Blick verscheuchte sie die Dreierbande von ihrer Hundedecke und Mo bettete das Sorg-dich-nicht behutsam darauf.

„Danke!", sagte Mo aus vollem Herzen und sie nickte.

„Morgen kannst du deinen Freund wieder besuchen."

Sie begleitete ihn zur Tür, aber bevor er hinausging, zögerte er.

„Wieso haben Sie gesagt, dass ich Ihr Enkel bin?", fragte er.

Frau Zaubert zuckte mit den Schultern. „Das könntest du doch gut sein, oder?"

Mo nickte, war aber noch nicht zufrieden.

„Ich dachte, Sorg-dich-nichts suchen sich ihre Besitzer selbst aus?"

Da lächelte Frau Zaubert geheimnisvoll, zog das Schriftstück aus ihrer Leopardentasche und hielt es Mo hin. Oben auf dem Blatt stand: *Besitzurkunde*. Das Papier schimmerte bläulich und die Buchstaben darauf begannen schon zu verblassen.

15

Nach dem Hort lief Mo nun jeden Tag direkt zu Frau Zaubert. Das Sorg-dich-nicht war nur haarscharf davongekommen, aber es ging langsam aufwärts mit ihm. Mo brachte ihm seine Lieblingswurst und Fleischbällchen von seiner Mutter und nach drei Tagen begann es zu fressen. Nach einer Woche stand es zum ersten Mal mit wackeligen Beinen von der Hundedecke auf und nach zwei Wochen ging es mit Mo eine Runde durch Frau Zauberts blühenden Garten.

Im darauffolgenden Monat machten sie ihren ersten gemeinsamen Spaziergang, und als das Sorg-dich-nicht ein paar Tage später neben Mo über die Wiese tollte und dabei in allen Regenbogenfarben leuchtete, nahm Frau Zaubert Mo beiseite.

„Wir alle brauchen Freunde", sagte sie und streichelte ihm anerkennend über den Kopf. „Wenn du nicht gewesen wärst, wäre die ganze Sache anders ausgegangen."

Das machte Mo stolz und am Abend schlief er mit dem wunderbaren Gefühl ein, etwas richtig Gutes getan zu haben.

Die Ferien kamen. Mo hatte in allen Fächern bestens abgeschnitten, und als er zu Frau Zaubert lief, um ihr sein Zeugnis zu zeigen, erwartete sie ihn schon in der Tür. Unter dem Arm trug sie ihre Leopardentasche und in der Hand hielt sie einen kleinen Koffer aus Metall. Dahinter standen ihre drei Hunde.

„Nach der ganzen Aufregung steht uns der Sinn nach Verreisen", sagte sie und Mo war sofort klar, was los war. Er hatte gewusst, dass dieser Tag kommen würde, und sich immer davor gefürchtet.

„Das Sorg-dich-nicht ist nicht mehr da, stimmt's?", fragte er und musste sich bemühen, nicht in Tränen auszubrechen.

Frau Zaubert nickte kaum merklich und sagte dann mit ihrer üblichen, festen Stimme: „Würdest du in den nächsten zehn Tagen auf Charly aufpassen? Zweimal am Tag mit ihm spazieren gehen, ihn füttern und ab und zu hinter den Ohren kraulen? Er fährt nicht so gern fort."

Sie deutete auf den Spaniel, der ihn treuherzig ansah, und Mo nickte. Obwohl er einen dicken Kloß im Hals hatte, spürte er auch, dass ihm die Aufgabe Freude machen würde.

„Ich glaube, meine Eltern werden nichts dagegen haben", sagte er, und Frau Zaubert lächelte.

„Ich habe natürlich bereits mit ihnen darüber gesprochen."

Als sie gefolgt von ihrem Pudel und ihrem Dackel aus dem Haus trat, griff Mo nach ihrer Hand.

„Glauben Sie, ich werde meinen Freund einmal wiedersehen?"

Frau Zaubert sah Mo mitfühlend an.

„Sorg-dich-nichts sind auf ihre Art unberechenbar, aber dass ihr beide euch wiedertrefft, ist so gut wie fix", sagte sie dann, neigte ihren Kopf zum Abschied und marschierte ihren zwei Hunden voran zum Gartentor hinaus.